Copyright © 2022 LINGUAS CLASSICS

BESTACTIVITYBOOKS.COM

Alle rechten voorbehouden. Niets uit dit boek mag worden gereproduceerd of gebruikt, op welke wijze dan ook, zonder schriftelijke toestemming van de eigenaar van het auteursrecht, behalve voor het gebruik van citaten in een boekbespreking.

EERSTE EDITIE - Gepubliceerd in 2022

Extra grafisch materiaal van: www.freepik.com
Dank aan: Alekksall, Starline, Pch.vector, Rawpixel.com, Vectorpocket, Dgim-studio, Upklyak, Macrovector, Stockgiu, Pikisuperstar & Freepik.com Designers

Ontdek gratis online spelletjes

Hier verkrijgbaar:

BestActivityBooks.com/FREEGAMES

5 TIPS OM TE BEGINNEN!

1) HOE OP TE LOSSEN

De Puzzels zijn in een Klassiek Formaat:

- Woorden worden verborgen zonder pauzes (geen spaties, streepjes, ...)
- Oriëntatie: Voorwaarts & Achterwaarts, Boven & Beneden of in Diagonaal (kan in beide richtingen)
- Woorden kunnen elkaar overlappen of kruisen

2) ACTIEF LEREN

Naast elk woord is een spatie voorzien om de vertaling te noteren. Om actief te leren vindt u een **WOORDENBOEK** aan het einde van deze editie om uw kennis te controleren en uit te breiden. U kunt elke vertaling opzoeken en opschrijven, de woorden in de puzzel vinden en ze vervolgens aan uw woordenschat toevoegen!

3) TAG JE WOORDEN

Hebt u al geprobeerd een labelsysteem te gebruiken? U zou bijvoorbeeld de woorden die moeilijk te vinden waren kunnen markeren met een kruis, de woorden die u leuk vond met een ster, nieuwe woorden met een driehoek, zeldzame woorden met een ruit enzovoort...

4) ORGANISEER UW LEREN

Wij bieden ook een handig **NOTITIEBOEKJE** aan het eind van deze uitgave. Of u nu op vakantie, op reis of thuis bent, u kunt uw nieuwe kennis gemakkelijk ordenen zonder dat u een tweede notitieboek nodig hebt!

5) AFGESLOTEN?

Ga naar de bonussectie: **FINAAL UITDAGING** om een gratis spel te vinden dat aan het einde van deze editie wordt aangeboden!

Wil je meer leuke en leerzame activiteiten? Het is Snel en Eenvoudig!
Een hele collectie spelboeken slechts **één klik verwijderd!**

Vind uw volgende uitdaging bij:

BestActivityBooks.com/MijnVolgendeBoek

Klaar... Start!

Wist u dat er zo'n 7000 verschillende talen in de wereld zijn? Woorden zijn kostbaar.

We houden van talen en hebben hard gewerkt om de boeken van de hoogste kwaliteit voor u te maken. Onze ingrediënten?

Een selectie van onmisbare leerthema's, drie grote plakken plezier, dan voegen we er een lepel moeilijke woorden en een snuifje zeldzame woorden aan toe. We serveren ze met zorg en een maximum aan verrukking, zodat je de beste woordspelletjes kunt oplossen en veel plezier beleeft aan het leren!

Uw feedback is essentieel. U kunt een actieve bijdrage leveren aan het succes van dit boek door een recensie achter te laten. Vertel ons wat u het meest beviel in deze editie!

Hier is een korte link die u naar uw bestelpagina brengt:

BestBooksActivity.com/Recensies50

Bedankt voor uw hulp en veel plezier met het spel!

Linguas Classics

1 - Metingen

```
P M V S H Í V V Q L P M Q U
J R T U K A J Q Í O U I W R
K V O H C N A F O N L N W B
N O M F J L B R L G G U C A
C L A R U T L A I I A T A B
B U R H F N Q T T T D O C Y
Y M G T W B D N R U A A P T
T E O Y E Z P I O D Q K E O
E N I W Z A F P D J S Í S N
K I L Ó M E T R O A Z N O E
D E C I M A L T R S D O M L
J F L J E G V O T A Y A M A
R Q K G R Z T L E M Q H N D
O E A N A X T N M R K V H A
```

ANCHO
BYTE
DECIMAL
PROFUNDIDAD
PESO
GRAMO
ALTURA
PULGADA
KILÓMETRO

LONGITUD
LITRO
MASA
METRO
MINUTO
ONZA
PINTA
TONELADA
VOLUMEN

2 - Keuken

```
Q C B U U P N L U F M X T K
U K X S S A R A H C U C A F
B U C X E L C O M I D A R Í
C E G E A I I L E G U B R R
C U Z N E L H O R N O Z O C
R A C S X L E S P E C I A S
Y E L H B O D E L A N T A L
T A C D A S O L L I H C U C
A V G E E R P A R R I L L A
Z B H Z T R Ó K X J A R R A
A X S E Z A A N Ó Z A T V G
S R E F R I G E R A D O R O
E S P O N J A E P N O C Í H
S E R V I L L E T A Y Q X O
```

TAZAS
PALILLOS
PARRILLA
CALDERA
REFRIGERADOR
TAZÓN
JARRA
CUCHARAS
CUCHILLOS

HORNO
CUCHARÓN
TARRO
RECETA
DELANTAL
SERVILLETA
ESPECIAS
ESPONJA
COMIDA

3 - Boten

```
N C F E R R Y A R Q E M Y Í
Á A D R E U C N Í U A O J J
U N B O E D F C V Q Z T V T
T O E U I G A L H T Z O B R
I A F U M W N A E F R R Y I
C Z G I A Y O B T Í Í V L P
O H F D R K A Y A K O D G U
M A R I N E R O Y P X D V L
O C É A N O M I T Í R A M A
N G Z B O D W B Z Y C E A C
M Z A M T L A D A Q M O Z I
B G R L R M A I Z L G H X Ó
M Á S T I L N S Q B S N S N
V Z F F R V E L E R O A K S
```

ANCLA	LAGO
TRIPULACIÓN	MOTOR
BOYA	NÁUTICO
OLAS	OCÉANO
YATE	RÍO
KAYAK	CUERDA
CANOA	FERRY
MARÍTIMO	BALSA
MÁSTIL	MAR
MARINERO	VELERO

4 - Chocolade

```
F U K G L T Z G I C C I V F
L A N A S E T R A A A N K M
O T V C K J V S D L C G H G
V E L O A K S K U I A R M U
O C O C R C B I L D H E V S
V E G I P I A P C A U D D T
L R R T J A T O E D E I E O
O M A Ó C Í I O E F T E L L
P Í M X A M Z Q D A E N I E
D H A E W Z O W L R S T C M
L T J W Z V Ú I C O A E I A
O I E R A F B C F M P B O R
C A L O R Í A S A A X V S A
G A D M Y U S Í R R E M O C
```

AROMA
ARTESANAL
AMARGO
CACAO
CALORÍAS
COMER
EXÓTICO
FAVORITO
DELICIOSO
INGREDIENTE
CARAMELO
COCO
CALIDAD
CACAHUETES
POLVO
RECETA
GUSTO
AZÚCAR
DULCE

5 - Gezondheid en Welzijn #2

```
P E L Z O L H T N D I E T A
N N Q Z H D O P R E U C G X
R E M N B T S S A N G R E
K R V R G L P N E J A S A M
V G I S E U I R Z P C B E V
D Í A F M B T E S T R É S N
A A N Ó I C A R E P U C E R
H N C V C E L B A D U L A S
D I A I N F E C C I Ó N E T
V C G T V I T A M I N A G N
S E O I O D I G E S T I Ó N
M Q P F E M G E N É T I C A
U R E L C N Í C A L O R Í A
F A N L M L E A I G R E L A
```

ALERGIA
ANATOMÍA
SANGRE
CALORÍA
DIETA
ENERGÍA
GENÉTICA
PESO
SALUDABLE
RECUPERACIÓN
HIGIENE
INFECCIÓN
CUERPO
MASAJE
DIGESTIÓN
ESTRÉS
VITAMINA
HOSPITAL

6 - Tijd

```
D I B X S A A W M G M E S S
V A B S B Ñ A B I C J K R D
A H O R A O G A N A Ñ A M E
S E M A N A Q X U L K F G S
S V N D X W V U T E V A I P
M E D I O D Í A O N F A Z U
C D Í A R L D U V D Í N V É
Y K G D U B G K I A C O M S
M U B A T C M I K R A C T H
A J H C U H V T S I R H U O
G N B É F Z M J R O Z E Y R
I F U D T W D N C C F T Y A
V O N A R P M E T S B I O A
H K J O L E R S R Z W E H F
```

DÍA
DÉCADA
SIGLO
AYER
AÑO
ANUAL
CALENDARIO
RELOJ
MES
MEDIODÍA

MINUTO
DESPUÉS
NOCHE
AHORA
MAÑANA
FUTURO
HORA
HOY
TEMPRANO
SEMANA

7 - Meditatie

```
C C M N P C W A X U D S Z M
W Y F Ó R O R V Q D Í I P O
M Ú S I C A S I L A T L E V
O M B S N B L T N D L E N I
B E G A Ó O Q C U I Y N S M
S N S P I N P E D R D C A I
E T F M C D A P U A A I M E
R A N O A A Z S T L D O I N
V L X C R D G R I C I Q E T
A B N Ó I C N E T A C D N O
C E N K P I Y P A R I Q T D
I A N G S C C K R T L G O M
Ó Z J Q E P Z H G Í E J S S
N Í V B R I S I F E F E Í Z
```

ATENCIÓN
RESPIRACIÓN
MOVIMIENTO
GRATITUD
PENSAMIENTOS
FELICIDAD
CLARIDAD
POSTURA

COMPASIÓN
MENTAL
MÚSICA
OBSERVACIÓN
PERSPECTIVA
SILENCIO
PAZ
BONDAD

8 - Muziek

```
M I C R Ó F O N O J O M R O
I C X I V H E R Q M C U Í Y
B N Ó I C A B A R G I S T H
I I C O R O X Q Í W T I M Á
M N C L Í R I C O D É C I L
P S A R E P Ó C B D O A C B
R T N W G Z E V L A P L O U
O R T P Y Y S A T Á L U E M
V U A Q Y M F L E C S A Í M
I M N C J L Q B M A J I D K
S E T Y V T H W P N P C C A
A N E R I T M O O T N P V O
R T A R M O N Í A A V C V R
X O C I S Ú M F G R S X H P
```

ÁLBUM
BALADA
ARMONÍA
IMPROVISAR
INSTRUMENTO
CLÁSICO
CORO
LÍRICO
MELODÍA
MICRÓFONO

MUSICAL
MÚSICO
ÓPERA
GRABACIÓN
POÉTICO
RITMO
RÍTMICO
TEMPO
CANTANTE
CANTAR

9 - Vogels

```
F L O V R E U C Í D K X R N
G L E K Q B N Ó I R R O G P
A A A U T J G T O G U G A H
V E Z M W D I L N Z Ü V N W
I R R L E H U E V O Y E Y O
O O A P O N A C Í L E P Ñ T
T V G A Í O C U C G Q Y G A
A A I L O R O O S N A G N P
I P D T U C Á N P A L O M A
L J K P I N G Ü I N O L J O
C I S N E N V H V M H L P Í
A F R F G S G Q Q J Ú O D Q
J H F L D W Q P Q W B P H F
A V E S T R U Z M I J A I P
```

PALOMA
PATO
HUEVO
FLAMENCO
GANSO
POLLO
CUCO
CUERVO
GAVIOTA
GORRIÓN

CIGÜEÑA
LORO
PAVO REAL
PELÍCANO
PINGÜINO
GARZA
AVESTRUZ
TUCÁN
BÚHO
CISNE

10 - Universum

```
I N C L I N A C I Ó N V A E
H E M I S F E R I O C O T C
S D O M O N Ó R T S A P M C
G A L A X I A R P Q Q D Ó D
L D L U Z J S B B J E R S H
O I A I S Í S D K I W O F O
N R T C Ó S M I C O T D E R
G U I L V I S I B L E A R I
I C T U S B Y U N K P U A Z
T S U N O C A Í D O Z C N O
U O D A E J I V I P B E V N
D O I P O C S E L E T Í T T
C W O Z T L H S L Q K R M E
A S T E R O I D E O L Y X T
```

ASTEROIDE
ASTRÓNOMO
ATMÓSFERA
ÓRBITA
LATITUD
ZODÍACO
OSCURIDAD
ECUADOR
HEMISFERIO

CIELO
HORIZONTE
INCLINACIÓN
CÓSMICO
LONGITUD
LUNA
GALAXIA
TELESCOPIO
VISIBLE

11 - Wiskunde

```
P E R P E N D I C U L A R Q
P A R A L E L O G R A M O O
I X S U V D D I V I S I Ó N
T H W U E X P O N E N T E O
P R A M M S I M E T R Í A G
Z A I Z G A V O L U M E N Í
D Í R Á F R A C C I Ó N B L
I R O A N P E R Í M E T R O
Á T I R L G Á N G U L O S P
M E I V G E U F M X I Z K H
E M U V Y I L L A M I C E D
T O O R C V N O O O R F H L
R E A R I T M É T I C A P E
O G V Í D Z C U A D R A D O
```

DECIMAL
DIÁMETRO
DIVISIÓN
TRIÁNGULO
EXPONENTE
FRACCIÓN
GEOMETRÍA
ÁNGULOS
PERPENDICULAR

PERÍMETRO
PARALELO
PARALELOGRAMO
ARITMÉTICA
SUMA
SIMETRÍA
POLÍGONO
CUADRADO
VOLUMEN

12 - Gezondheid en Welzijn #1

```
B O J E L F E R J P M P A T
E H Z F F U R Í P A I V A E
F O R G U T B A Y X T E H R
X R F Z Y I M M C A H S L A
D O C T O R A E M T D A A P
C X I U P G H D Ú B U I I I
L L S H Y N Ó I S E L R C A
Í A L T U R A C C V E E A L
N H M Y E R C I U I Í T M A
I Á X Y Í W I N L R B C R J
C B Q R Y Z L A O U Í A A D
A I A C T I V O S S L B F T
Q T O D R E L A J A C I Ó N
G O H O R M O N A S L C W E
```

ACTIVO
FARMACIA
BACTERIAS
FRACTURA
DOCTOR
HÁBITO
HAMBRE
ALTURA
HORMONAS

PIEL
CLÍNICA
LESIÓN
MEDICINA
RELAJACIÓN
REFLEJO
MÚSCULOS
TERAPIA
VIRUS

13 - Camping

C	K	O	Y	I	R	M	Q	A	L	U	N	A	J
Í	O	P	C	E	A	O	O	G	A	L	O	L	U
W	C	G	P	Q	L	R	L	N	F	U	E	G	O
I	A	R	U	T	N	E	V	A	T	X	M	F	I
M	N	Í	R	Í	S	R	W	E	E	A	C	Z	N
U	O	Í	B	K	I	B	I	O	I	Q	Ñ	A	S
A	A	P	R	A	C	M	A	L	D	Z	Í	A	E
C	A	Z	A	F	B	O	S	Q	U	E	M	J	C
A	D	R	E	U	C	S	E	L	O	B	R	Á	T
N	A	T	U	R	A	L	E	Z	A	V	F	V	O
I	H	A	M	A	C	A	N	R	E	T	N	I	L
B	A	N	I	M	A	L	E	S	Í	R	U	Y	U
A	L	U	J	Ú	R	B	X	B	T	A	K	Y	P
C	A	T	N	U	U	B	I	W	M	A	P	A	Í

AVENTURA   CAZA
MONTAÑA   MAPA
ÁRBOLES   CANOA
BOSQUE   BRÚJULA
FUEGO   LINTERNA
CABINA   LUNA
ANIMALES   LAGO
HAMACA   NATURALEZA
SOMBRERO   CARPA
INSECTO   CUERDA

14 - Algebra

```
S E C U A C I Ó N L D H S B
O V N L G R E S T A I L H N
L R L I N E A L D O A M U S
U A E E M D Z Z G C G J A V
C C P C O P P W Z I R T A M
I I F A L S O Í R F A J L F
Ó F U E T G L L M Á M J U R
N I S I S E T N É R A P M A
F L W H B S I F V G N Q R C
A P V A R I A B L E D E Ó C
C M I N F I N I T O N M F I
T I P R O B L E M A E L E Ó
O S K A E X P O N E N T E N
R C A N T I D A D H F Z Í Q
```

RESTA
DIAGRAMA
EXPONENTE
FACTOR
FÓRMULA
FRACCIÓN
GRÁFICO
PARÉNTESIS
CANTIDAD
LINEAL

MATRIZ
CERO
INFINITO
SOLUCIÓN
PROBLEMA
SUMA
FALSO
VARIABLE
SIMPLIFICAR
ECUACIÓN

15 - Activiteiten

```
J T F S E N D E R I S M O N
A Y P O J T W Z U H O Í C S
R F L I T A R T E S A N Í A
D H A C S O L L G M A O R E
I M C O Í W G N I P M A C P
N A E T R A G R D D Í T Í A
E G R P N Ó I C A J A L E R
R I R R E M F B D F G H U U
Í A V E U S G E I W Í M U T
A Z A R U T C E L U J A C N
O A I D E O S A I H K T P I
A C I M Á R E C B T Y I H P
D A D I V I T C A A B I T B
C O S T U R A B H B A I L E
```

ACTIVIDAD
ARTESANÍA
BAILE
FOTOGRAFÍA
PESCA
CAZA
CAMPING
CERÁMICA
ARTE
LECTURA

MAGIA
COSTURA
RELAJACIÓN
PLACER
PINTURA
JARDINERÍA
HABILIDAD
OCIO
SENDERISMO

16 - Vormen

```
R W W M B A M S I R P Y H R
A C F C O H R Í C S B V H O
P Q C S R C E C U U S I P N
O D A L D I S Z O L B W U D
L N V U E L Q S S E M O B A
Í T O K S I U H F L Í N E A
G R C C A N I C U R V A J C
O I Í N T D N A P O S B S U
N Á R N I R A R K Y A S L A
O N C Y X O O R K O V A L D
T G U C Í E S F E R A N K R
Q U L T H I P É R B O L A A
B L O L U G N Á T C E R I D
Y O P I R Á M I D E B Q D O
```

ESFERA
ARCO
CILINDRO
CÍRCULO
CURVA
TRIÁNGULO
ESQUINA
HIPÉRBOLA
LADO
CONO

CUBO
LÍNEA
OVAL
PIRÁMIDE
PRISMA
BORDES
RECTÁNGULO
RONDA
POLÍGONO
CUADRADO

17 - Diplomatie

```
N G O B I E R N O R S I I C
C I U D A D A N O S S D C O
S E G U R I D A D C F I O N
E H C O M U N I D A D O M F
Q O R Y O A D A J A B M E L
C O O P E R A C I Ó N A M I
D I S C U S I Ó N T X S B C
B Q E W Y O C T Z Q H O A T
W D S J N Ó I C U L O S J O
J O A H U C T M Í G C H A B
W M E L M W S B L M S Y D J
S P N Ó I C U L O S E R O K
E L G N R V J X M C T K R U
P O L Í T I C A C I T É Í F
```

ASESOR
EMBAJADA
EMBAJADOR
CIUDADANOS
CONFLICTO
DISCUSIÓN
ÉTICA
COMUNIDAD

JUSTICIA
SOLUCIÓN
POLÍTICA
GOBIERNO
RESOLUCIÓN
COOPERACIÓN
IDIOMAS
SEGURIDAD

18 - Astronomie

```
A S T R Ó N O M O V B F W U
M E T E O R O O O B K Q P A
N P E D I O R E T S A V T O
T Ó T T E L E S C O P I O D
I R I L U N A T E N A L P A
E J L C R A D I A C I Ó N S
R W É L A M U N I V E R S O
R G T G A L R I H S P L C L
A G A D A D E V A R G S O U
O B S E R V A T O R I O H B
A T U A N O R T S A E M E E
C O M E T A W R X N Y S T N
E Q U I N O C C I O O O E K
E S T R E L L A C V D C Y F
```

TIERRA
ASTEROIDE
ASTRONAUTA
ASTRÓNOMO
EQUINOCCIO
COMETA
COSMOS
LUNA
METEORO
NEBULOSA

OBSERVATORIO
PLANETA
COHETE
SATÉLITE
ESTRELLA
CONSTELACIÓN
RADIACIÓN
TELESCOPIO
UNIVERSO
GRAVEDAD

19 - Emoties

```
L B A L E G R Í A X Y Í T E
R E E D J O D A J A L E R Y
B A Z E T S I R T K L S A R
O T N E I M I R R U B A N A
Q I H Y O P V F H D T E Q G
O T T M H L A Í J B E M U R
N U E W C L Y Z N O R O I A
O D I N E T N O C N N C L D
D C V B F I T N H D U I I E
E A Z L S R T Z Z A R O D C
I L N W I A M A G D A N A I
M M A Í T A P M I S E A D D
Z A F U A B N O S Í S D J O
T Í N X S C G R Y Z A O W G
```

MIEDO
AGRADECIDO
TRISTEZA
BEATITUD
CONTENIDO
CALMA
AMOR
RELAJADO
EMOCIONADO

TRANQUILIDAD
SIMPATÍA
TERNURA
SATISFECHO
ABURRIMIENTO
PAZ
ALEGRÍA
BONDAD
IRA

20 - Vakantie #2

```
V G R D L Y U S N E D N G T
O A C G E T R O P A S A P A
C P C C V S X B E S C I E X
I A D A L E T O H I A S T I
O M Q V C F I I W V M L R O
C G R T Z I U E N S P A O T
N A P E L A O J O O I W P R
M D R W I V F N J U N C S E
M A R P Q P D G E L G H N U
Q E T N A R U A T S E R A P
Q H N L E X T R A N J E R O
P L A Y A X A U P E A J T R
E R E S E R V A S R I B F E
X Y F H A R I O V T V G X A
```

DESTINO
EXTRANJERO
ISLA
HOTEL
MAPA
CAMPING
AEROPUERTO
PASAPORTE
VIAJE
RESERVAS
RESTAURANTE
PLAYA
TAXI
CARPA
TREN
VACACIONES
TRANSPORTE
VISA
OCIO
MAR

21 - Eten #2

P	W	M	T	O	G	A	R	R	Á	P	S	E	B
L	M	E	O	S	Í	N	L	O	R	M	B	E	R
Á	A	L	M	E	O	E	D	M	J	N	H	J	Ó
T	N	O	A	U	K	J	Z	I	E	G	K	A	C
A	Z	C	T	Q	L	N	H	E	N	N	C	Z	O
N	A	O	E	C	S	E	H	L	Y	A	D	T	L
O	N	T	B	J	E	R	C	A	S	P	O	R	I
P	A	Ó	G	A	L	E	M	O	N	T	U	U	A
T	E	N	Z	M	K	B	H	X	Z	U	V	G	K
J	I	S	F	Ó	T	R	I	G	O	T	A	O	E
K	P	S	C	N	Y	T	W	B	R	V	H	Y	I
V	I	V	S	A	I	Z	I	N	R	Y	E	G	E
A	Ñ	J	U	I	D	X	K	V	A	R	N	U	H
N	A	H	T	N	T	O	L	L	O	P	R	X	H

ALMENDRA
PIÑA
MANZANA
ESPÁRRAGO
BERENJENA
PLÁTANO
BRÓCOLI
PAN
UVA
HUEVO

JAMÓN
QUESO
POLLO
KIWI
MELOCOTÓN
ARROZ
TRIGO
TOMATE
PESCADO
YOGUR

22 - Restaurant #1

```
A C P O É D M R O K I R S X
L O Z L F O M B J Ú N E M Z
E C K L A A N M O B G K I N
R I M I C T K H L E R P A N
G N O H C E O T O R E J A C
I A K C A L L H T T D A R C
A E R U R L L F V S I R E N
D T G C N I O V G O E R R Z
T N F H E V P F G P N E A H
S A L S A R E M O C T S M J
X C N R V E L T A O E E A T
J I K E P S K H M Y S R C G
R P I T C O M I D A A V X D
B Í G B C W J J N Ó Z A T M
```

ALERGIA
PLATO
PAN
COMER
INGREDIENTES
CAJERO
COCINA
POLLO
CAFÉ
TAZÓN
MENÚ
CUCHILLO
PICANTE
RESERVA
SALSA
CAMARERA
SERVILLETA
POSTRE
CARNE
COMIDA

23 - Geologie

F	L	I	S	Ó	F	Q	O	O	E	C	N	T	Y
Y	A	G	C	Á	C	I	D	O	S	R	R	E	W
I	V	J	É	A	N	O	Z	W	T	I	Y	R	J
L	A	M	I	I	L	S	Y	V	A	S	K	R	B
Í	P	E	A	S	S	C	O	Q	L	T	S	E	J
Q	A	T	J	G	C	E	I	J	A	A	A	M	S
F	C	N	Y	V	O	J	R	O	C	L	L	O	D
E	U	E	A	W	R	C	J	Z	T	E	Q	T	G
R	I	N	R	V	A	W	C	R	I	S	L	O	M
O	Í	I	D	U	L	V	Í	A	T	Q	Z	V	E
S	J	T	E	I	U	O	O	U	A	Q	C	O	S
I	S	N	I	S	D	L	D	C	A	Í	W	Z	E
Ó	V	O	P	V	C	O	V	O	L	C	Á	N	T
N	R	C	C	A	V	E	R	N	A	T	K	M	A

TERREMOTO
CALCIO
CONTINENTE
EROSIÓN
FÓSIL
GÉISER
FUNDIDO
CAVERNA
CORAL
CRISTALES

CUARZO
CAPA
LAVA
MESETA
ESTALACTITA
PIEDRA
VOLCÁN
ZONA
SAL
ÁCIDO

24 - Specerijen

```
I A D A C S O M Z E U N R C
V Z S X I Í Z J S A L Ó Y A
F A G D D N T Í A F Í T P R
E F I T S A X X W C N C D
N R C I L A N T R O A E D A
O Á C O M I N O P G N M U M
G N E A M A R G O Í E I L O
R C U R R Y Y Z S J L P C M
E J E N G I B R E X A H E O
C S H I N O J O C L A V O M
O O A V A I N I L L A E Z X
M X J B Q R C E B O L L A T
E E M V O S M P B J Y C O P
Q K O B A R Í L A Q Q T U X
```

ANÍS
AMARGO
FENOGRECO
JENGIBRE
CANELA
CARDAMOMO
CURRY
AJO
COMINO
CILANTRO

CLAVO
NUEZ MOSCADA
PIMENTÓN
AZAFRÁN
SABOR
CEBOLLA
VAINILLA
HINOJO
DULCE
SAL

25 - Groenten

```
H T F U I E O C L I E R B U
C P E G J B S O J M Í Á R R
A L L O B E C P V V N B Ó A
L Í N C W L P B I K T A C P
C G E T O L A H C N K N O I
A A N O B J J P U Z A O L O
C Z A M A T A P E P I C I N
H M W A N E J N E R E B A S
O B S T O L I V A M E B O S
F V G E R B I G N E J J N K
A Z A B A L A C I P V A I N
E N S A L A D A S E T A P L
H G U I S A N T E G M T E C
Z A N A H O R I A P J U P Q
```

ALCACHOFA
BERENJENA
BRÓCOLI
GUISANTE
JENGIBRE
AJO
PEPINO
OLIVA
SETA
PEREJIL

CALABAZA
NABO
RÁBANO
ENSALADA
APIO
CHALOTE
ESPINACAS
TOMATE
CEBOLLA
ZANAHORIA

26 - Archeologie

```
P E H I E L H E R O T O G S
D R R Q Í Í J X E P E L T A
E I O A O J C P L E M V X N
S N D F T L A E I Q P I M Á
C V I I E I L R Q U L D P L
E E C B D S H T U I O A O I
N S O K S Ó O O I P X D O S
D T N C V F P R A O U O F I
I I O A N T I G Ü E D A D S
E G C V B M I S T E R I O O
N A S B Z M R R S D D Z L S
T D E U P Y U N N I Y E Í E
E O D Z G S O T E J B O I U
C R C F R A G M E N T O S H
```

ANÁLISIS
HUESOS
EXPERTO
FÓSIL
FRAGMENTOS
TUMBA
MISTERIO
DESCENDIENTE
OBJETOS

DESCONOCIDO
INVESTIGADOR
ANTIGÜEDAD
PROFESOR
RELIQUIA
EQUIPO
TEMPLO
ERA
OLVIDADO

27 - Dans

```
F W H U O B C C R N D E P Z
H F H A P O U W L I G P H A
A I C A R G L D A Á T O K N
A C Z U E K T S R C S M O Ó
R V A J U E U A U O Q I O I
T I R D C L R L T R N P C C
E S U P E B A T L E V E N O
T U T G U M T A U O M N K M
A A S M X E I R C G Ú S B E
J L O Y N E R A S R S A F R
E X P R E S I V O A I Y I G
S O C I O U A E A F C O I E
C A W F X X I L Z Í A L J L
T L A N O I C I D A R T K A
```

ACADEMIA
ALEGRE
COREOGRAFÍA
CULTURAL
CULTURA
EMOCIÓN
EXPRESIVO
GRACIA
POSTURA
CLÁSICO
ARTE
CUERPO
MÚSICA
SOCIO
ENSAYO
RITMO
SALTAR
TRADICIONAL
VISUAL

28 - Mythologie

```
C  R  I  A  R  Q  U  E  T  I  P  O  Í  L
M  E  W  N  Ó  I  C  A  E  R  C  P  D  E
O  F  L  K  M  D  E  S  A  S  T  R  E  Y
R  U  U  O  I  O  N  E  U  R  T  K  F  E
T  E  Z  O  S  Y  R  Y  B  R  Q  R  D  N
A  R  H  C  T  A  I  T  C  V  K  C  C  D
L  Z  U  I  A  R  U  T  A  I  R  C  Z  A
X  A  E  G  H  É  R  O  E  L  E  B  H  V
W  P  X  Á  D  D  J  X  S  W  I  P  X  Q
X  H  C  M  O  N  S  T  R  U  O  D  D  P
Í  G  U  E  R  R  E  R  O  U  L  W  A  Y
Í  S  F  F  T  A  N  Í  O  R  E  H  R  D
C  U  L  T  U  R  A  O  R  B  I  Y  G  K
L  A  B  E  R  I  N  T  O  O  C  I  U  L
```

ARQUETIPO
RAYO
CREACIÓN
CULTURA
TRUENO
LABERINTO
HÉROE
HEROÍNA
CIELO
CELOS

FUERZA
GUERRERO
LEYENDA
MÁGICO
MONSTRUO
INMORTALIDAD
DESASTRE
MORTAL
CRIATURA

29 - Eten #1

```
U P C C C A P O S F Y F V M
D V A A E L Y J L V R X X K
X W R N B B L A S U P E R M
E H N E A A C A P E R A S B
H S E L D H E I D U H O Q A
N C P A A A T R H W G C Z D
N Ó M I L C Í O D V V N E A
Z D G Í N A M H G P U K O L
L P Z K Ú A N A H L S E Í A
O Z P K T G C N O X U P N S
J S Y F A S E A A U D L J N
A Z Ú C A R G Z S R D A U E
A L B A R I C O Q U E M G Y
N L X R B C E B O L L A O P
```

FRESA
ALBARICOQUE
ALBAHACA
LIMÓN
CEBADA
CANELA
AJO
LECHE
PERA
MANÍ

ENSALADA
JUGO
SOPA
ESPINACAS
AZÚCAR
ATÚN
CEBOLLA
CARNE
ZANAHORIA
SAL

30 - Avontuur

N	A	M	I	G	O	S	T	K	N	I	U	S	A
A	C	Í	V	Y	V	L	A	U	S	U	N	I	O
V	O	U	N	Ó	I	C	A	R	A	P	E	R	P
E	S	E	G	U	R	I	D	A	D	O	R	V	Z
G	S	O	R	P	R	E	N	D	E	N	T	E	O
A	B	E	L	L	E	Z	A	Q	W	G	H	S	
C	O	P	O	R	T	U	N	I	D	A	D	X	O
I	N	Ó	I	S	R	U	C	X	E	Í	Z	L	R
Ó	I	P	O	M	S	A	I	S	U	T	N	E	G
N	T	K	K	O	I	R	A	R	E	N	I	T	I
G	S	E	J	A	I	V	G	S	V	E	D	B	L
F	E	A	L	E	G	R	Í	A	E	L	T	S	E
W	D	A	D	I	V	I	T	C	A	A	H	Z	P
N	A	T	U	R	A	L	E	Z	A	V	Y	I	R

ACTIVIDAD
DESTINO
ENTUSIASMO
EXCURSIÓN
PELIGROSO
OPORTUNIDAD
VALENTÍA
NATURALEZA
NAVEGACIÓN
NUEVO

INUSUAL
ITINERARIO
VIAJES
BELLEZA
SEGURIDAD
SORPRENDENTE
PREPARACIÓN
ALEGRÍA
AMIGOS

31 - Circus

Í	D	Y	A	A	N	I	M	A	L	E	S	I	G
E	C	S	J	C	I	M	C	I	H	B	K	G	L
R	A	A	U	O	R	H	R	G	A	Y	E	R	O
H	Y	B	R	S	F	Ó	H	A	C	D	T	R	B
A	P	L	X	A	P	G	B	M	M	O	N	O	O
M	T	E	P	Y	M	J	P	A	X	V	A	D	S
C	A	R	P	A	F	E	S	P	T	W	F	A	V
Z	C	G	Q	P	R	J	L	C	Y	A	E	T	Z
H	I	I	Q	U	Q	A	A	O	E	S	L	C	M
N	S	T	U	N	F	R	P	F	M	A	E	E	D
V	Ú	R	L	T	E	T	E	L	L	I	B	P	J
G	M	B	L	E	L	I	F	S	E	D	G	S	M
T	R	U	C	O	Ó	M	A	G	O	B	W	E	E
M	U	Q	J	P	U	N	Í	K	D	C	M	T	E

MONO
ACRÓBATA
GLOBOS
PAYASO
ANIMALES
MAGO
BILLETE
TRAJE
LEÓN

MAGIA
MÚSICA
ELEFANTE
DESFILE
CARAMELO
CARPA
TIGRE
ESPECTADOR
TRUCO

32 - Restaurant #2

```
V W W V J F F T H C E N A N
L E A E O Z R E U M L A P X
B D R O J E J N F E M W O Z
S I A D W C C E I B V K S O
D Z H A U W H D D S S E A T
A F C C A R S O E L S A L J
P M U S F P A R O L E I H Q
B A C E D C I S S O V E U H
V E S P P O C X P I Q A P N
U K B T O R E R A M A C Y T
F C X I E S P S G F R U T A
T W U V D L S M U C Z W U G
G F N R F A E N A O Í G L R
S I L L A D E L I C I O S O
```

PASTEL
CENA
BEBIDA
HUEVOS
FRUTA
VERDURAS
DELICIOSO
HIELO
CUCHARA
ALMUERZO

FIDEOS
CAMARERO
SOPA
ESPECIAS
SILLA
PESCADO
TENEDOR
AGUA
SAL

33 - De Media

```
F B Q P K G S I R I D E Í D
O I T N E Y N N A T I N A I
K R P K N R Ó E D N G L N N
H E C H O S I N I Ó I Í U T
A R L Z C T C Ó O I T N N E
X K A H I R A I D C A E C L
R E D J L X C N J I L A I E
V X C Y B J U I Y D C L O C
Í G D K Ú I D P P E W O S T
Z P D Y P G E O S R Q Z S U
C O M U N I C A C I Ó N B A
F I N A N C I A C I Ó N X L
K F F T E L E V I S I Ó N J
C O M E R C I A L A C O L T
```

ANUNCIOS
COMERCIAL
COMUNICACIÓN
DIGITAL
EDICIÓN
HECHOS
FINANCIACIÓN
INTELECTUAL
PERIÓDICOS
LOCAL
OPINIÓN
RED
EDUCACIÓN
EN LÍNEA
PÚBLICO
RADIO
TELEVISIÓN

34 - Bijen

```
C N T B Y S A L A C S I R F
E E P A B O T C E S N I E L
C L R T I L E I M M L W I O
O O H A D I M O C A F W N R
S P U T N G L P P N S Z A E
I S M I A E R B M A J N E S
S X O B B D M J A R D Í N J
T T F Á W N S L N O B L D U
E G R H D D Y T O U D R Z K
M M U B E N E F I C I O S O
A O T P O L I N I Z A D O R
O R A D I V E R S I D A D O
W P W L U C Z A Z M H C A L
E J Y U D Y Q K H F N U V F
```

POLINIZADOR
COLMENA
FLORES
FLOR
DIVERSIDAD
ECOSISTEMA
FRUTA
HÁBITAT
MIEL
INSECTO

REINA
HUMO
POLEN
JARDÍN
ALAS
COMIDA
BENEFICIOSO
CERA
SOL
ENJAMBRE

35 - Wandelen

```
B A C A N T I L A D O B X N
G O C A M P I N G O S K E A
C D T S O L N D X V A O R T
L A Ñ A T N O M N Í K N B U
I S K Y S O T I U Q S O M R
M N B X A F P O X O W K U A
A A X G Í F M I P Q K D C L
O C B Z U X K O E W C I J E
P Í P Í G V H U J D M W M Z
S Y E W N O L P A Z R A K A
P A R Q U E S E V C A A P I
I V U V G X K E L X G X S A
P E S A D O Y Z A J U S X V
A N I M A L E S S V A H Z P
```

MONTAÑA
ANIMALES
GUÍAS
MAPA
CAMPING
ACANTILADO
CLIMA
BOTAS
CANSADO

MOSQUITOS
NATURALEZA
PARQUES
PIEDRAS
CUMBRE
AGUA
SALVAJE
SOL
PESADO

36 - Ecologie

```
M S A T N A L P U Z J G A Í
O U N A T U R A L E Z A A C
N P I S E D A D I N U M O C
T E G L O B A L M A R I N O
A R Í C G R L D Q N A L W S
Ñ V Z K E R D K E Ó R C D O
A I G X F Y Y H I I Y B J S
S V E D Z P V T C C R L Í T
T E S E Q U Í A E A F A S E
O N A T N A P T P T L R V N
I C F N D R M I S E O U O I
B I N C X C E B E G R T K B
Y A N U A F P Á H E A A P L
C S S S Q L L H X V T N B E
```

MONTAÑAS
SEQUÍA
SOSTENIBLE
FAUNA
FLORA
COMUNIDADES
GLOBAL
HÁBITAT
CLIMA

MARINO
PANTANO
NATURALEZA
NATURAL
SUPERVIVENCIA
PLANTAS
ESPECIE
VARIEDAD
VEGETACIÓN

37 - Landen #1

```
E C X F K V L T E Z J M S P
A I N O T E L Á D A N A C O
Y L I S A R B M E I X R P L
O N E U D P X Q S B I R A O
B O O M R Í S X P I R U N N
M X T R A C G A A L A E A I
A I P D U N H A Ñ F K C M A
C O I A A E I I A C J O Á C
H C G I P G G A L G Í S Y I
M O E N S P L A G E N E S G
N I C A R A G U A A U Í W L
L E V M I T A L I A J R N É
K W C U N F B I S R A E L B
D A R R X T B H Í M A Y T M
```

BÉLGICA
BRASIL
CAMBOYA
CANADÁ
CHILE
ALEMANIA
EGIPTO
IRAK
ISRAEL
ITALIA
LETONIA
LIBIA
MARRUECOS
NICARAGUA
NORUEGA
PANAMÁ
POLONIA
RUMANIA
SENEGAL
ESPAÑA

38 - Installaties

```
H Z S A Y A B N K Ú B M A B
M I C M A R O L F I O Í J F
U O E T L O S O M O T F O E
S M M D Z L Q B A H Á R H R
G G M G R F U R R C N I Y T
O R H I O A E Á H N I J H I
V E G E T A C I Ó N C O R L
H C L J S R S Q O Í A L G I
I E H A U X A D J D G T Z Z
E R V L B G P Í Í R T J E A
R C X L R C V U Z A L T C N
B O A O A N C O Z J Z E Y T
A E D F W Y U C A C T U S E
N N T W B F S F N B Y T S N
```

BAMBÚ
BAYA
HOJA
FLOR
ÁRBOL
FRIJOL
BOSQUE
CACTUS
FLORA
FOLLAJE
HIERBA
CRECER
HIEDRA
FERTILIZANTE
MUSGO
BOTÁNICA
ARBUSTO
JARDÍN
VEGETACIÓN
RAÍZ

39 - Oceaan

```
B T P A M X T S K R X E Z P
C A L I U G N A N E L L A B
A S R I V A Y E D P A T G E
N U A C S A L R W S R I L S
G D K Í O F J A J N O B A P
R E M L W Z C M M R C U G O
E M T O R M E N T A Y R U N
J O P L U P K P B B T Ó T J
O S D O M Y P G E E K N R A
L T J E K W P F A S C A O L
Q R S Z L H H P F X C I T J
R A R H E F I C E R R A R V
P I H G M X Í B Í Í C Q D P
C A M A R Ó N N L A T Ú N O
```

ANGUILA
ALGA
BARCO
DELFÍN
CAMARÓN
MAREAS
TIBURÓN
CORAL
CANGREJO
MEDUSA

PULPO
OSTRA
ARRECIFE
TORTUGA
ESPONJA
TORMENTA
ATÚN
PESCADO
BALLENA
SAL

40 - Landen #2

```
G L U I I R L A N D A M M Z
M A A I R E G I N M I U A Q
U P V O F S S T É C G L C
S E P F S R W U F X E A A D
Z N A K K Y A R H I R N S I
E T I O P Í A N H C G D I N
O J L N K R I I C O O A A A
E Í A I R I S O R I N Q G M
O W M P C N E V Y E A D N A
J Q O D D J N U N H B Y C R
A R S O I D O Í L T Í I C C
P A H X Í J D B P Í L I L A
Ó P I F L R N U C R A N I A
N A S P R I I K E N I A X A
```

DINAMARCA
ETIOPÍA
FRANCIA
GRECIA
IRLANDA
INDONESIA
JAPÓN
KENIA
LAOS
LÍBANO

LIBERIA
MALASIA
MÉXICO
NEPAL
NIGERIA
UGANDA
UCRANIA
RUSIA
SOMALIA
SIRIA

41 - Bloemen

```
T C E X R O E L E T Í K O N
H R M V O V J P I L O C R K
J B É C S J J A U R S G Q P
P A Í B A O C S I B I H U L
É I Z K O G Z I W G C O Í U
T N F M J L M O W I R M D M
A E B X Í P A N E R A A E E
L D L R P N G A A A N R A R
O R A E Z Á N R M S K J Í I
R A V Z H P O I A O P P N A
F G A X I I L A P L H A O R
W S N D A L I L O P Y X E R
P X D Í C U A V L H T T P C
U T A F A T I R A G R A M H
```

PÉTALO
RAMO
GARDENIA
HIBISCO
JAZMÍN
TRÉBOL
LAVANDA
LIRIO
LILA
MARGARITA

MAGNOLIA
NARCISO
ORQUÍDEA
AMAPOLA
PASIONARIA
PEONÍA
PLUMERIA
ROSA
TULIPÁN
GIRASOL

42 - Huisdieren

```
C P O E O V V H F S G D E Z
S O K I Y R E T S M Á H Z B
P T N Í B I T A G U A E S L
E R Ó E R G E Q C K R L F U
S A T O J R R A L L O C Z W
C G A A I O I R C G A T O A
A A R W A T N B S A T A P Z
D L L O R O A A W Q V I J M
O A O N L T R C O M I D A S
R V K C T I I T O R T U G A
R X Q Í A T O C E X L X T R
E S C I C A C H O R R O Z R
P L K Z W G D I B V P N T A
S I Z Y Í A K D Z D E T W G
```

VETERINARIO
CABRA
LAGARTO
HÁMSTER
PERRO
GATO
GATITO
GARRAS
VACA
CONEJO

COLLAR
RATÓN
LORO
PATAS
CACHORRO
TORTUGA
COLA
PESCADO
COMIDA
AGUA

43 - Landschappen

```
U S T B P A N T A N O X X R
L X Í H D O N T Y L C R D Í
A A W R Z R T I A Q R H E O
G D L A O C P E L L A V S M
O N U B T Y T Í P O I R I C
I S L A H V R N Z W C M E U
Q M L O Í B O Í J Z A O R E
O A S I S T N L F V L N T V
N T D X J Z M S C C G T O A
A U B A M A R X C Á G A R E
É N L Q C S H C V Í N Ñ M Q
C D E R E S I É G C A A Y X
O R R Z Z G A I C E B E R G
T A Q U O Z R C T M Q B D G
```

MONTAÑA
ISLA
GÉISER
GLACIAR
CUEVA
COLINA
ICEBERG
LAGO
PANTANO
OASIS
OCÉANO
RÍO
PLAYA
TUNDRA
VALLE
VOLCÁN
CASCADA
DESIERTO
MAR

44 - Tuin

```
M U O E H Z J G H V E S Í P
S A Z E L A M Y M I L C W A
Í G N J H U E R T O E Q O X
P V Z G X O K U A G U R Q E
R A Í G U I S Y R A Q V B W
Á F L N D E I X B R N A B A
S F O A O K R T U A L A R
T H B V I D C A S J T L N O
R K R Y B A H A T E S A C C
I Q Á F A J O W O B E M O A
L Z X L G J A R D Í N D Z S
L N C O T R A M P O L Í N E
O L A R C É S P E D T S Y N
H A M A C A S T E R R A Z A
```

BANCO
FLOR
ÁRBOL
HUERTO
GARAJE
CÉSPED
HIERBA
HAMACA
RASTRILLO
VALLA

MALEZAS
ROCAS
PALA
MANGUERA
ARBUSTO
TERRAZA
TRAMPOLÍN
JARDÍN
ESTANQUE
VID

45 - Beroepen #2

```
I B I B L I O T E C A R I O
N A G R I C U L T O R W P B
V D E T E C T I V E S G W H
E B F M A L I N G Ü I S T A
S K I N R O S E F O R P C T
T I N G E N I E R O P E I S
I J A R D I N E R O I R R I
G B I Ó L O G O F Q N I U T
A F O T Ó G R A F O T O J N
D I N V E N T O R C O D A E
O F O S Ó L I F P D R I N D
R O D A R T S U L I D S O D
P I L O T O C I D É M T M Q
A S T R O N A U T A S A J U
```

MÉDICO
ASTRONAUTA
BIBLIOTECARIO
BIÓLOGO
AGRICULTOR
CIRUJANO
DETECTIVE
FILÓSOFO
FOTÓGRAFO
ILUSTRADOR
INGENIERO
PERIODISTA
PROFESOR
LINGÜISTA
INVESTIGADOR
PILOTO
PINTOR
DENTISTA
JARDINERO
INVENTOR

46 - Dagen en Maanden

```
J D V C A M F M M K C B E S
U O I A N A M E S E T R A M
E M E G R X A C B E S O V P
V I R L N B U D H R G K I W
E N N J U C Z D U B E D F J
S G E T A N D U O M H R K Q
R O S A E B E R D E N M O Z
G G H Ñ T X I S A I H A T C
N X P O I L U J B V C R S W
J K C D K X F M Á O O Z O K
M I É R C O L E S N R O G O
J U N I O I R A D N E L A C
O C T U B R E O Y G N I Q U
Q L E R B M E I T P E S Z Z
```

AGOSTO
MARTES
JUEVES
FEBRERO
AÑO
ENERO
JULIO
JUNIO
CALENDARIO
MES

LUNES
MARZO
NOVIEMBRE
OCTUBRE
SEPTIEMBRE
VIERNES
SEMANA
MIÉRCOLES
SÁBADO
DOMINGO

47 - Beeldende Kunsten

```
A K F V X T Y P Z L Á P I Z
R S B N C I A R I V A O J U
Q P P Ó T Z J Y N N R Y J H
U E J B I A W N R Ó T Í S Í
I R A R C I L L A I S U U I
T S T A A N D Z B C E C R C
E P A C L P Í P X I A A A A
C E R P L U M A E S M B R L
T C R E I C D D M O A A T U
U T W M T P E R S P R L I C
R I X G N R R R F M B L S Í
A V N L A P A Q A O O E T L
R A C A L P Í T Z C Z T A E
L X V L P X V K O N X E U P
```

ARQUITECTURA
ARTISTA
CABALLETE
PELÍCULA
CARBÓN
ARCILLA
TIZA
OBRA MAESTRA
PLUMA

PERSPECTIVA
RETRATO
LÁPIZ
COMPOSICIÓN
PINTURA
PLANTILLA
BARNIZ
CERA

48 - Mode

```
P B O T O N E S B L K S T B
A S E N C I L L O I R W E J
T M E D I C I O N E S U J O
R J A P O R N Y P A M E I R
Ó P R Á C T I C O B O N D I
N E U S K E O L N O D C O G
B S T E K X E D R R E A R I
S T X V L Z I U E D S J A N
Q I E E W E G I D A T E C A
W L T N A T G W O D O D K L
Í O G O Í E E A M O L C A N
A T S I L A M I N I M S A E
A S E Q U I B L E T C H Y Í
H M T A I C N E D N E T V E
```

MEDICIONES
MODESTO
ASEQUIBLE
BORDADO
CARO
SENCILLO
ELEGANTE
ENCAJE
ROPA
BOTONES

MINIMALISTA
MODERNO
ORIGINAL
PATRÓN
PRÁCTICO
ESTILO
TEJIDO
TEXTURA
TENDENCIA

49 - Tuinieren

```
C E S T A C I O N A L Í V D
O B A S Q J L Q R F A W G E
M O L O C O O C I T Ó X E I
E T L P H L W H C E R B S C
S Á I M J E I F O L L A J E
T N M O L U A M D T A T K P
I I E C C S O W A L R L R S
B C S T H Z X V D Q O E G E
L O R A M O T P E T L B U V
E H U M E D A D I M F R K H
A R E U G N A M C C A M V L
G L M E C M G N U Q M Í N M
U F D F R Í M I S X P Q D A
A F L O R O D E N E T N O C
```

HOJA
FLORAL
FLOR
SUELO
RAMO
HUERTO
BOTÁNICO
COMPOST
CONTENEDOR
COMESTIBLE
EXÓTICO
FOLLAJE
CLIMA
ESTACIONAL
MANGUERA
ESPECIE
HUMEDAD
SUCIEDAD
AGUA
SEMILLAS

50 - Menselijk Lichaam

```
E L B B J V R W E Q N B C W
S B Q S U B A O N A M O U U
T F V G G R P R D Z O C E J
Ó W Z M M Í Z B B I L A L H
M Q H Q Z A Q E L R L A L O
A W S S A N G R E A I L O M
G M B V L R E E D N B G A B
O D O C L E L C L W O K J R
L T D G I I Z N J E T T E O
P Í E G B P J Y U J N R R U
Q I D L R C A B E Z A G O Y
G F E N A C O R A Z Ó N U Í
G V M L B R N L M W X P X A
X S M A N D Í B U L A G D W
```

PIERNA
SANGRE
CODO
TOBILLO
MANO
CORAZÓN
CEREBRO
CABEZA
PIEL
MANDÍBULA

BARBILLA
RODILLA
ESTÓMAGO
BOCA
CUELLO
NARIZ
OREJA
HOMBRO
LENGUA
DEDO

51 - Energie

```
C A R B O N O P L B H R K B
E L B I T S U B M O C E C A
J T Q A N I L O S A G N O T
Y D L P E Z E I H C E O N E
N Í E M I Q O F M V N V T R
O G S Z V V W V D A T A A Í
N C E N W G E U Y P R B M A
O U I Ó F O T Ó N O O L I N
H I D R Ó G E N O R P E N I
H O D T T M C C L S Í F A B
Í G A C I C O A G O A T C R
O M R E Q Í É T L L I Q I U
K D A L I D P L O O O P Ó T
D R A E L C U N E R R K N Q
```

BATERÍA
GASOLINA
COMBUSTIBLE
DIESEL
ELÉCTRICO
ELECTRÓN
ENTROPÍA
FOTÓN
RENOVABLE
CARBONO

MOTOR
NUCLEAR
VAPOR
TURBINA
CONTAMINACIÓN
CALOR
HIDRÓGENO
VIENTO
SOL

52 - Familie

```
G A Í T A X K W Q M H A X S
I N F A N C I A X A O N F O
Y I K T A Y L N C D A T L B
P R M S M K C O S R B E N R
C B H E R M A N O E U P I I
S O L G E H L Y L G E A Ñ N
Y S W P H G E F E F L S O O
M A R I D O U O M K O A S E
O E P U M W B Q E S Ñ D F G
H O S F Í Z A O G N I O U I
Q I V P X P A D R E N T Í G
Y J J I O N R E T A P E I T
A W V A N S J Í O M X I S Z
N Q B X W J A A F B Z N R Z
```

HERMANO
HIJA
ABUELA
INFANCIA
NIÑO
NIÑOS
NIETO
MARIDO
MADRE
SOBRINO

SOBRINA
TÍO
ABUELO
TÍA
GEMELOS
PADRE
PATERNO
ANTEPASADO
ESPOSA
HERMANA

53 - Gebouwen

```
S A T N T A Q C C H H O F D
U E B B Í B E A F A O O D P
P S X K K U R E G B T E Í
E C M U S E O P R R X I E T
R U T K S R I A X A L F N L
M E E P S R D M U N E L P A
E L A C Í O A D A J A B M E
R A T I Z T T Y R A N H R Z
C N R N G A S F Á B R I C A
A V O E M R E G R A N E R O
D A P A R T A M E N T O S Z
O L A B O R A T O R I O C W
O B S E R V A T O R I O R Q
Í M F C A S T I L L O Z Í S
```

EMBAJADA
APARTAMENTO
CINE
GRANJA
CABINA
FÁBRICA
HOTEL
CASTILLO
LABORATORIO

MUSEO
OBSERVATORIO
ESCUELA
GRANERO
ESTADIO
SUPERMERCADO
CARPA
TEATRO
TORRE

54 - Kunst

```
C T E M A C P I W B Z C M J
E E H I A C H E O J D R R R
X E R U X J B K R F G E W K
P S W Á M K S S A S L A P N
R C C Q M O O I I E O R C O
E U H G J I R G Í I T N X J
S L I P Y T C I Í N S L A E
I T O I R A T A R T E R Í L
Ó U L F I G U R A Í N I S P
N R O L L I C N E S O E E M
B A B Y V I S U A L H R O O
C O M P O S I C I Ó N S P C
I D Í F P O R I G I N A L H
Z G S U R R E A L I S M O H
```

ESCULTURA
COMPLEJO
CREAR
SENCILLO
HONESTO
FIGURA
HUMOR
CERÁMICA
TEMA

ORIGINAL
PERSONAL
POESÍA
RETRATAR
COMPOSICIÓN
SURREALISMO
SÍMBOLO
EXPRESIÓN
VISUAL

55 - Beroepen #1

P	S	I	C	Ó	L	O	G	O	H	G	A	K	V
E	D	I	T	O	R	P	I	A	N	I	S	T	A
R	R	C	N	R	F	O	N	T	A	N	E	R	O
A	O	N	Í	E	P	G	A	X	O	Í	F	T	D
Z	W	D	R	Y	Í	V	E	B	M	N	U	K	O
Q	I	C	A	O	N	K	N	P	O	H	S	Z	C
B	X	O	L	J	E	O	F	G	N	G	O	N	T
N	B	Z	I	Y	A	S	E	Y	Ó	X	A	A	O
D	E	Í	A	R	V	B	R	A	R	Í	T	D	R
R	K	V	B	Z	Í	N	M	O	T	F	O	E	O
C	A	Z	A	D	O	R	E	E	S	L	D	L	A
G	E	Ó	L	O	G	O	R	G	A	D	E	B	T
M	Ú	S	I	C	O	Z	A	T	N	I	F	T	A
C	A	R	T	Ó	G	R	A	F	O	X	T	Q	A

ABOGADO
EMBAJADOR
ASTRÓNOMO
ATLETA
CARTÓGRAFO
BAILARÍN
DOCTOR
EDITOR
GEÓLOGO
CAZADOR
JOYERO
FONTANERO
MÚSICO
PIANISTA
PSICÓLOGO
ENFERMERA

56 - Antarctica

```
N C S F A U G A U S G Y E P
K T O M R B A H Í A L S X E
M O N N U D J K N L A G P N
I P I Ó T B R Q U S C E E Í
R O Ü I A I A R B I I O D N
O G G C R H N Y E X A G I S
C R N A E E I E S Í R R C U
O A I R P N S E N P E A I L
S F P G M Y I P L T S F Ó A
O Í W I E W F M E O E Í N N
Í A V M T B L Z H C V A M L
M I N E R A L E S T I X I M
C I E N T Í F I C O P E T D
I N V E S T I G A D O R L B
```

BAHÍA
CONTINENTE
ISLAS
EXPEDICIÓN
GEOGRAFÍA
GLACIARES
HIELO
MIGRACIÓN
MINERALES
INVESTIGADOR

PINGÜINOS
ROCOSO
PENÍNSULA
ESPECIE
TEMPERATURA
TOPOGRAFÍA
AGUA
CIENTÍFICO
NUBES

57 - Ballet

```
F B O V I S E R P X E R F C
A V D G C R P S N D P I K O
W U W A T Y C M T F T T K M
K U D C R U C Ú V I C M A P
Z J A I L Z N S D B L O P O
G O D N E A A I B A O O L S
M E I C O N A C K I R D A I
Ú R S É I I C A O L Q A U T
S O N T N R I I Y A U I S O
C Y E Q O A T Z A R E C O R
U U T M W L C Q S I S A K Y
L Y N K O I Á Q N N T R U J
O B I M Q A R A E E A G C H
S A Z R T B P H W S O A V T
```

APLAUSO
BAILARINA
COMPOSITOR
BAILARINES
EXPRESIVO
GESTO
INTENSIDAD
MÚSICA
ORQUESTA
PRÁCTICA
AUDIENCIA
ENSAYO
RITMO
AGRACIADO
MÚSCULOS
ESTILO
TÉCNICA

58 - Fruit

```
K X A V U A F X I D I P W N
M I A L E U R I C I K E G A
A M W F B C E R E Z A R H R
N E V I R A S H C A S A D A
Z L D D P A R P A P A Y A N
A O C O C T M I X Z M P I J
N C V C B W A B C A L V B A
A O U O S P V A U O O Z A N
E T A C A U G A F E Q A Y M
N Ó L E M I Z P G Y S U A A
M N Ó M I L K U W F C A E N
N E C T A R I N A P I Ñ A G
P L Á T A N O J V B W I W O
V G H F K O D H W O Y J L M
```

ALBARICOQUE
PIÑA
MANZANA
AGUACATE
PLÁTANO
BAYA
LIMÓN
UVA
FRAMBUESA
CEREZA
KIWI
COCO
MANGO
MELÓN
NECTARINA
NARANJA
PAPAYA
PERA
MELOCOTÓN
CIRUELA

59 - Engineering

```
E S T R U C T U R A X D D M
E S T A B I L I D A D I N O
P R O F U N D I D A D A M V
M R O T A C I Ó N T R G O I
D I Y N Ó I S L U P O R P M
Á N G U L O A M D F D A C I
E N E R G Í A Á I U I M Á E
X Y Ó Í T I Z Q E E U A L N
Z Z Q I A W J U S R Q F C T
R D P X C M U I E Z Í W U O
M O T O R I I N L A L O L Z
P Í J S D U D A L J B W O B
E J E M O R T E M Á I D A E
F R I C C I Ó N M K Q J C I
```

EJE
CÁLCULO
MOVIMIENTO
DIAGRAMA
DIÁMETRO
PROFUNDIDAD
DIESEL
ENERGÍA
ÁNGULO
FUERZA
MÁQUINA
MEDICIÓN
MOTOR
ROTACIÓN
ESTABILIDAD
ESTRUCTURA
LÍQUIDO
PROPULSIÓN
FRICCIÓN

60 - Literatuur

```
L F J G S S N F M X A Z O R
P O E M A O L I C Q N M P A
Y B S Q P M Í C A J A B I Í
L E K O A K X C U D L T N R
B E S T I L O I T Í O E I W
O C I T É O P Ó O A G M Ó T
N D S R E Í A N R R Í A N R
O R I D I Á L O G O A U M A
V U L B I O G R A F Í A T G
E E Á I R I T M O Á Z L C E
L Í N D W K A W N T D K S D
A P A S Q O D Í E E R A T I
A N É C D O T A R M T O P A
C O M P A R A C I Ó N L R I
```

ANALOGÍA
ANÁLISIS
ANÉCDOTA
AUTOR
BIOGRAFÍA
DIÁLOGO
FICCIÓN
POEMA
OPINIÓN

METÁFORA
POÉTICO
RIMA
RITMO
NOVELA
ESTILO
TEMA
TRAGEDIA
COMPARACIÓN

61 - Boeken

```
F I M M A Y E P O P E Q R N
V O Í E S G D S Y K K P J A
H I S T O R I A C G I S D R
H R H N T I A B D R M Q L R
I A L E X A N P F I I A H A
S R E N E U I V N X L T B D
T E C I T T G N E A I A O O
Ó T T T N O Á L B N I V U R
R I O R O R P O O I T L A D
I L R E C P O E S Í A I S I
C Q K P S R A R U T N E V A
O C I G Á R T J L M Z V D O
H U M O R Í S T I C O T M R
Y R N O V E L A M E O P E H
```

AUTOR
AVENTURA
PÁGINA
CONTEXTO
DUALIDAD
EPOPEYA
POEMA
ESCRITO
HISTÓRICO
HUMORÍSTICO
INVENTIVO
LECTOR
LITERARIO
POESÍA
PERTINENTE
NOVELA
TRÁGICO
HISTORIA
NARRADOR

62 - Meer Informatie

```
J D M Z G D R P L A N E T A
N Ó I S U L I O J U O N R A
F Q F S P U R G B P C I E A
I U B Q T O Q E W O I C A E
M O T F O O W U R S T C L X
A R X U I N P F B O S S I T
G Á U M R Ó U Í T I Á O S R
I C T U A I G D A R T R T E
N U O N N S S D I E N B A M
A L P D E O U T X T A I S O
R O Í O C L E T A S F L J W
I G A O S P L Q L I D T X R
O H Q S E X M H A M W K J S
Q J L J E E P A G T X B R K
```

CINE
LIBROS
FUEGO
IMAGINARIO
DISTOPÍA
EXPLOSIÓN
EXTREMO
FANTÁSTICO
FUTURISTA
ILUSIÓN

MISTERIOSO
ORÁCULO
PLANETA
REALISTA
ROBOTS
ESCENARIO
GALAXIA
UTOPÍA
MUNDO

63 - Regenwoud

```
M Z F Z U U O S O I L A V B
Q U I R J Z G E Z A C I S O
A K X W S L T L W I L N U T
I J O Y P T Y V B V I S P Á
R E S P E T O A D T M E E N
I N D Í G E N A K B A C R I
D I V E R S I D A D M T V C
K Y Z L E X I G J S G O I O
D F O J B S E B U N F S V Y
S O R A J Á P O I G U F E R
M U S G O O Z E P J W X N H
D A D I N U M O C E K B C X
A N F I B I O S E I Y G I E
N A T U R A L E Z A E Z A G
```

ANFIBIOS
BOTÁNICO
DIVERSIDAD
COMUNIDAD
INDÍGENA
INSECTOS
SELVA
CLIMA
MUSGO

NATURALEZA
SUPERVIVENCIA
RESPETO
ESPECIE
REFUGIO
PÁJAROS
VALIOSO
NUBES

64 - Haartypes

```
Í Z G C P L A R G O D R B O
M U M G C L V I N S E I L N
M A R R Ó N A C W E L Z A D
R H E T G H W T S U G A N U
N U L Y Í L K H A R A D C L
E L B S O Z I R O G D O O A
G M A I Í H X B E R A W S D
R G D R O D U L L E B A C O
O T U G T C C I Q T V D M C
C O L O R E A D O V L A C E
R F A J O N T F J I B R U S
A P S U C N E M W H L S E S
L O W U V C J F R O N F G V
J G E T R E N Z A D O N B Z
```

RUBIO
MARRÓN
GRUESO
SECO
DELGADA
COLOREADO
TRENZADO
SALUDABLE
ONDULADO
GRIS

CABELLUDO
CALVO
CORTO
RIZOS
RIZADO
LARGO
BLANCO
SUAVE
PLATA
NEGRO

65 - Stad

O	F	M	Y	O	G	A	L	E	R	Í	A	U	H
M	A	F	E	T	T	E	A	T	R	O	C	N	O
V	R	L	L	R	Z	P	Q	K	K	A	E	I	T
Í	M	O	I	E	C	M	C	G	X	I	T	V	E
O	A	R	B	U	J	A	U	B	C	G	O	E	L
X	C	I	R	P	I	Í	D	S	I	Y	I	R	V
H	I	S	E	O	W	R	E	O	E	K	L	S	K
C	A	T	R	R	Y	E	Z	O	O	O	B	I	N
T	L	A	Í	E	C	D	M	Y	T	P	I	D	D
P	D	Í	A	A	I	A	C	C	G	U	B	A	K
V	C	L	N	Y	N	N	B	A	N	C	O	D	E
J	W	G	M	I	E	A	L	E	U	C	S	E	G
Y	F	P	A	W	C	P	T	I	E	N	D	A	P
V	W	W	O	I	D	A	T	S	E	R	T	K	O

FARMACIA
PANADERÍA
BANCO
BIBLIOTECA
CINE
FLORISTA
LIBRERÍA
ZOO
GALERÍA
HOTEL

CLÍNICA
AEROPUERTO
MERCADO
MUSEO
ESCUELA
ESTADIO
TEATRO
UNIVERSIDAD
TIENDA

66 - Creativiteit

```
G S C L A R I D A D E A I S
N E E E M O C I O N E S M E
A N J N Ó I S E R P M I A S
Z O C I T S Í T R A Q O G P
V I D A D I S N E T N I I O
D S F G K O M P O D F H N N
A I L A I C C I Q G M D A T
D V U O V I T N E V N I C Á
I T I V D T M O W N W H I N
L F D K T Á M R S U T L Ó E
A S E Y J M Z B F Z R O N O
T J Z S X A I M A G E N S C
I N S P I R A C I Ó N V Y V
V G J D O D A D I L I B A H
```

ARTÍSTICO
IMAGEN
DRAMÁTICO
EMOCIONES
SENTIMIENTOS
CLARIDAD
IMPRESIÓN
INSPIRACIÓN
INTENSIDAD
INVENTIVO
ESPONTÁNEO
HABILIDAD
IMAGINACIÓN
VISIONES
VITALIDAD
FLUIDEZ

67 - Natuur

```
E U D I B R Á S A L V A J E
U X W F W O I R A U T N A S
Q F Q W F K G A T O Z L T D
S U S B J E E C D I R Q R I
O S E B G F J A E G C H O N
B E L L E Z A N S U E O P Á
X L A T I V L T I F R Í I M
C A N G L Z L I E E O R C I
N M A U J L O L R R S A A C
G I G B R X F A T O I I L O
O N E R E S X D O G Ó C Z W
H A X B A J L O Í X N A D Y
G G M O L K A S Y C Z L P X
N U B E S A N S X N O G W I
```

ÁRTICO
ABEJAS
BOSQUE
ANIMALES
DINÁMICO
EROSIÓN
FOLLAJE
GLACIAR
SANTUARIO
ACANTILADOS

NIEBLA
RÍO
BELLEZA
REFUGIO
SERENO
TROPICAL
VITAL
SALVAJE
DESIERTO
NUBES

68 - Zoogdieren

```
D G O R I L A G J R B C O X
S E G U Z A C A E L J A R O
W O L Z I F Z T E E I B Z E
G S N F X G K O Í Ó R A Y D
X X P Z Í L G L J N A L C N
B W G L Y N I U C Z F L G W
K A C A N G U R O Í A O P V
A J L Q R A R B A C L O B O
H W J L B E O J E N O C R J
U J O D E B T M Q T H O J Í
B U R R O N S O L L E M A C
H Z O R R O A N Y G I N I H
S O T O K Í C O Q O R R E P
E L E F A N T E K V C Q V F
```

MONO	CANGURO
CASTOR	GATO
COYOTE	CONEJO
DELFÍN	LEÓN
BURRO	ELEFANTE
CABRA	CABALLO
JIRAFA	TORO
GORILA	ZORRO
PERRO	BALLENA
CAMELLO	LOBO

69 - Overheid

```
A L J M D I S C U R S O A N
C A D D O L O B M Í S Q C P
I I Q A V N Ó I S U C S I D
T C V Í F Ó U G L Q X B D E
Í I Z I Q I D M R C X Z E S
L D I M L C T X E E A X R T
O U M L I A Y V D N Í R E A
P J R O E N X R Í Í T Z C D
D X J I F Y B Q L R Í O H O
N C I U D A D A N Í A Y O L
C O N S T I T U C I Ó N S L
D E M O C R A C I A G G M C
J U S T I C I A P V M V G L
N A C I O N A L P Q Q Í F L
```

CIUDADANÍA
CIVIL
DEMOCRACIA
DISCUSIÓN
JUDICIAL
JUSTICIA
CONSTITUCIÓN
LÍDER
MONUMENTO

NACIÓN
NACIONAL
POLÍTICA
DERECHOS
ESTADO
SÍMBOLO
DISCURSO
LEY

70 - Voertuigen

T	O	R	T	E	M	F	N	Í	U	R	K	Í	S
C	R	O	K	H	X	E	E	C	G	J	F	F	U
O	E	E	W	C	O	R	U	C	Y	H	W	W	B
H	T	N	N	O	L	R	M	B	A	R	C	O	M
E	P	X	C	C	B	Y	Á	N	N	O	L	A	A
T	Ó	B	S	Ú	B	O	T	U	A	T	B	V	R
E	C	M	I	X	A	T	I	B	V	C	A	I	I
A	I	O	O	C	M	U	C	P	A	A	L	Ó	N
I	L	W	J	T	I	S	O	J	R	R	S	N	O
M	E	H	Í	A	O	C	S	S	A	T	A	K	B
H	H	Q	F	U	A	R	L	W	C	W	D	U	I
C	A	M	I	Ó	N	S	R	E	T	O	O	C	S
R	Z	V	S	Q	V	M	O	O	T	E	C	G	W
G	A	I	C	N	A	L	U	B	M	A	K	T	X

AMBULANCIA
COCHE
NEUMÁTICOS
BARCO
AUTOBÚS
CARAVANA
BICICLETA
HELICÓPTERO
METRO
MOTOR

SUBMARINO
COHETE
SCOOTER
TAXI
TRACTOR
TREN
FERRY
AVIÓN
BALSA
CAMIÓN

71 - Geografie

```
Z Q B D C O N T I N E N T E
G W M D S I H C R U S F O J
H V S G C F J I E O P A N E
O C É A N O S U G B A P A M
A M Y K F D W D I T Í O I L
H L O K A N D A Ó M S E D A
I R T N D U N D N Q L C I T
A S H I T M W O Í A S U R I
T S A L T A I C R A M A E T
K S G F Z Ñ F Z T P D M U
R Í O J A F D A D E E O R D
O E S T E W Q L U C L R R M
J Y T R Í B S S X Y D M Q E
B G N S H E M I S F E R I O
```

ATLAS
MONTAÑA
LATITUD
CONTINENTE
ISLA
ECUADOR
HEMISFERIO
ALTITUD
MAPA
PAÍS

MERIDIANO
NORTE
OCÉANO
REGIÓN
RÍO
CIUDAD
MUNDO
OESTE
MAR
SUR

72 - Kunstbenodigdheden

```
C C O L O R E S P P V C S P
R L M G W R O D A R R O B I
E C O O S E L H S R P N M N
A R A M Á C T G T O A T G T
T L C R E P T E E C P I O U
I M Á P B A F T L I E N C R
V B C P Z Ó A I E L L T H A
I K S U I Q N E S Í A A E S
D Q U R G C Q C K R L B C T
A L L I S K E A C C L Í A Q
D F N G X T C S D A I Q Q C
A C U A R E L A S L C Í S Q
P E G A M E N T O H R T S X
M E S A Y V Q J X F A Í W W
```

ACRÍLICO
ACUARELAS
CÁMARA
CREATIVIDAD
CABALLETE
BORRADOR
CARBÓN
TINTA
ARCILLA

COLORES
PEGAMENTO
ACEITE
PAPEL
PASTELES
LÁPICES
SILLA
MESA
PINTURAS

73 - Barbecues

```
E T E N E D O R E S G F U W
V N Ó I C A T I V N I A V B
E E S A L L O B E C J M I C
R T A A N H H G K F H I O E
A N B Y L V D Y Z R A L Y N
N E E G W A E O N U M I M A
O I Z Í F T D R D T B A Ú L
P L O E O N X A D A R S S L
S A L S A E O C S U E M I I
F C U C H I L L O S R O C R
O Z R E U M L A D F V A A R
T E Q G X I O R I D I Z S A
N W J A J P P S A L Z L S P
T O M A T E S Y X N Y V Q M
```

CENA
FAMILIA
FRUTA
PARRILLA
VERDURAS
CALIENTE
HAMBRE
POLLO
ALMUERZO
CUCHILLOS

MÚSICA
PIMIENTA
ENSALADAS
SALSA
TOMATES
CEBOLLAS
INVITACIÓN
TENEDORES
VERANO
SAL

74 - Schoonheid

```
J E T E E T N A G E L E Í P
C S U L S O I C I V R E S I
O P M E T E V E R S T W C N
L E C G I W N X U I L Z S T
O J O A L Y G C I Y Z N L A
R O S N I Ú P M A H C O D L
G R M C S P I E L N W Q S A
R Í É I T P H H A G T L P B
A M T A A X V T P W Y O Q I
C E I F O T O G É N I C O O
I L C F R A G A N C I A G S
A B O Z R T I J E R A S L L
I H S O T C U D O R P W G G
P U B M I K A U D S U A V E
```

ENCANTO
COSMÉTICOS
SERVICIOS
ELEGANTE
ELEGANCIA
FOTOGÉNICO
GRACIA
FRAGANCIA
SUAVE
PIEL
COLOR
RIZOS
PINTALABIOS
RÍMEL
PRODUCTOS
TIJERAS
CHAMPÚ
ESPEJO
ESTILISTA

75 - Wetenschappelijke Discip

```
M E T E O R O L O G Í A Q T
H A Í G O L A R E N I M J E
A Í G O L O E U Q R A Q B R
A G N U T R I C I Ó N U O M
S O C I O L O G Í A O Í T O
B L R O B Ó T I C A D M Á D
I O Y A Í G O L O C E I N I
O C N L Í D B J B T H C I N
L I R T E M X B H A J A C Á
O S Z A Í M O N O R T S A M
G P Z O Í R E T A D F K C I
Í G E O L O G Í A Z E Q Q C
A C I N Á C E M I N Y R N A
F I S I O L O G Í A A K L U
```

ANATOMÍA
ARQUEOLOGÍA
ASTRONOMÍA
BIOLOGÍA
QUÍMICA
ECOLOGÍA
FISIOLOGÍA
GEOLOGÍA
MECÁNICA
METEOROLOGÍA
MINERALOGÍA
BOTÁNICA
PSICOLOGÍA
ROBÓTICA
SOCIOLOGÍA
TERMODINÁMICA
NUTRICIÓN

76 - Bijvoeglijke Naamwoorden

```
C C A N S A D O R P Z Z N D
F R Y I Y X I R E U T E Í R
U O E L Q M P T S R T C N A
E C L A M R O N P O W O A M
R I S R T Q E S O V E U N Á
T T A U D I A F N D E Í X T
E N L T G Z V G S J A E F I
M É A A A K W O A U G T N C
G T D N J K E W B M S H O O
D U O M O S O L L U G R O D
S A L V A J E U E Q E S U G
Y V B D E S C R I P T I V O
S O M N O L I E N T O M Z P
I N T E R E S A N T E H T Q
```

AUTÉNTICO
DOTADO
DESCRIPTIVO
CREATIVO
DRAMÁTICO
INTERESANTE
CANSADO
NATURAL
NUEVO

NORMAL
SOMNOLIENTO
FUERTE
ORGULLOSO
RESPONSABLE
SALVAJE
SALADO
PURO

77 - Kleding

```
C Y C P C A L C E T I N E S
M U P B A S U L B Q V X R W
O V K H C N B U F A N D A O
D S V L Q I T P U L S E R A
A S I M A C N A X U Z M A D
G U A N T E S T L F Í D L L
S U É T E R J Z U O U B L A
V E S T I D O A P R N E O F
A U Í A M Z C P I E Ó E C W
O B M L F Z S A J R Y N S L
X W R B M F K T A B Í H Q M
N X P I H H G O M M C U N P
T F P A G H L D A O K X F F
G G L C D O M B M S O Y Z C
```

PULSERA
BLUSA
PANTALONES
GUANTES
SOMBRERO
ABRIGO
VESTIDO
COLLAR
MODA

PIJAMA
CINTURÓN
FALDA
ZAPATO
CAMISA
BUFANDA
CALCETINES
SUÉTER

78 - Vliegtuigen

```
C O N S T R U C C I Ó N G A
K E W Q L A X G G L O B O T
D J Z Z S A I B Z P R C S M
N A V E G A R R V R E O N Ó
O Z P H S F M U E R J M E S
H I S T O R I A T U A B C F
A R G E Q G O V J L S U S E
V R Y W R I L Q Í R A S E R
E E Z G T C O I Í C P T D A
N T M D I S E Ñ O A F I U L
T A Í O T O L I P O Q B D O
U H N T T T D W P R C L N I
R V S N S O M N E Q M E B K
A L Z Z Q Z R U C I E L O N
```

DESCENSO
ATMÓSFERA
AVENTURA
GLOBO
CONSTRUCCIÓN
COMBUSTIBLE
HISTORIA
CIELO

ALTURA
ATERRIZAJE
AIRE
MOTOR
NAVEGAR
DISEÑO
PASAJERO
PILOTO

79 - Herbalisme

```
Q T H A H S Í Z I N L N X C
M E J O R A N A D P U F N U
H T D U P E R E J I L M Á L
I N E R M O O R E M O R I
H E S B E X B L L E D J F N
L I T C E V A L C F Q A A A
A D R A A I S I Q B Q G Z R
V E A L C I S M D C W E A I
A R G I A L J O D L E N E O
N G Ó D H C W T J A R D Í N
D N N A A R O M Á T I C O F
A I P D B Í Z L Q G G D N B
A H N T L O R É G A N O E V
W J O J A H I N O J O S Z W
```

AROMÁTICO
ALBAHACA
FLOR
CULINARIO
ENELDO
ESTRAGÓN
VERDE
INGREDIENTE
AJO
CALIDAD
LAVANDA
MEJORANA
ORÉGANO
PEREJIL
ROMERO
AZAFRÁN
SABOR
TOMILLO
JARDÍN
HINOJO

80 - Kracht en Zwaartekracht

```
P D M O B E P X F W Z M T R
S Z Y B D J L Q C Í N M P H
D O S E P E R N M M S N I H
X T U T Í D T Ó U X V I M A
O C S D Q U A I Y E E U C Í
M A G N E T I S M O L N Ó A
T P D Ó G I C N C R O I R D
I M C I S N N A K T C V B I
E I Q S E G A P E N I E I N
M B U E P A T X R E D R T Á
P E A R U M S E D C A S A M
O U Z P G E I B D U D A I I
P R O P I E D A D E S L K C
M O V I M I E N T O V R E O
```

DISTANCIA
EJE
ÓRBITA
MOVIMIENTO
CENTRO
PRESIÓN
DINÁMICO
PROPIEDADES
PESO

IMPACTO
MAGNETISMO
FÍSICA
MAGNITUD
VELOCIDAD
TIEMPO
EXPANSIÓN
UNIVERSAL

81 - Het Bedrijf

```
G  I  N  G  R  E  S  O  S  Q  H  C  E  L
T  L  D  E  C  I  S  I  Ó  N  E  Q  I  O
L  M  O  X  S  A  I  C  N  E  D  N  E  T
A  P  K  B  L  A  R  N  E  G  O  C  I  O
M  X  F  J  A  F  L  I  G  B  F  A  I  J
S  T  T  S  N  L  X  A  E  X  C  Í  W  S
P  R  O  D  U  C  T  O  R  S  N  N  G  Z
U  N  I  D  A  D  E  S  O  I  G  C  N  B
I  N  D  U  S  T  R  I  A  E  O  O  A  E
P  R  O  G  R  E  S  O  I  W  Í  S  S  M
P  R  E  S  E  N  T  A  C  I  Ó  N  K  P
R  E  P  U  T  A  C  I  Ó  N  Q  D  R  L
L  E  L  L  R  M  C  A  L  I  D  A  D  E
P  R  O  F  E  S  I  O  N  A  L  P  Y  O
```

DECISIÓN
UNIDADES
GLOBAL
INDUSTRIA
INGRESOS
CALIDAD
SALARIOS
PRESENTACIÓN

PRODUCTO
PROFESIONAL
REPUTACIÓN
RIESGOS
TENDENCIAS
PROGRESO
EMPLEO
NEGOCIO

82 - Rijden

```
U H D M A C C I D E N T E R
W K W S A Í C I L O P Y P V
T V Q G H P Í U P F B Q E E
Z L E N Ú T A D U K Q G L L
M F L F R E N O S A A A I O
R A B M O T O R U X G R G C
Y I I I A G A S P A U A R I
M O T O C I C L E T A J O D
O C S Í M Z C A L L E E C A
F I U K M X X N F Z X Q A D
T F B C O C H E E K K T M Í
T Á M G C W T Q C C I S I W
K R O X L A Í U Í O I I Ó V
I T C P E A T O N A L L N H
```

COCHE
COMBUSTIBLE
GARAJE
GAS
PELIGRO
MAPA
LICENCIA
MOTOR
MOTOCICLETA

ACCIDENTE
POLICÍA
FRENOS
VELOCIDAD
CALLE
TÚNEL
TRÁFICO
PEATONAL
CAMIÓN

83 - Wetenschap

```
N X O C I E N T Í F I C O P
L A F P A R T Í C U L A S G
A O T N E M I R E P X E O J
B V R U Í L M R J R B G T G
O M F C R N Í B A Y S E A O
R E O Í J A M I L C O S D D
A V M L S G L Q U Í M I C O
T O É I É I V E G M S S E M
O L T S B C C L Z B I E M O
R U O Ó Í O U A X A N T Í T
I C D F S Y R L L L A Ó K Á
O I O H C E H M A X G P I Q
V Ó Í E L X I B Í S R I N W
R N G R A V E D A D O H G Y
```

ÁTOMO
QUÍMICO
PARTÍCULAS
EVOLUCIÓN
EXPERIMENTO
HECHO
FÓSIL
DATOS
HIPÓTESIS
CLIMA
LABORATORIO
MÉTODO
MOLÉCULAS
NATURALEZA
FÍSICA
ORGANISMO
CIENTÍFICO
GRAVEDAD

84 - Natuurkunde

```
M A G N E T I S M O W I X A
M U N I V E R S A L O D A C
H A W F J H Ó R T C E L E
T L S G W Í A P E E I Y U L
O U T A P R Y Z B X M H C E
R C F Ó R M U L A P Í N É R
C Í O G C A O S B E U V L A
E T Q T A Í U U I R Q Z O C
K R A V L S B P I I O O M I
D A D I C O L E V M T T N Ó
A P A I C N E U C E R F O N
E M Í O W R A C I N Á C E M
N T V D A D I V I T A L E R
D E N S I D A D Q O M O T Á
```

ÁTOMO
CAOS
QUÍMICO
PARTÍCULA
DENSIDAD
ELECTRÓN
EXPERIMENTO
FÓRMULA
FRECUENCIA
GAS

MAGNETISMO
MASA
MECÁNICA
MOLÉCULA
MOTOR
RELATIVIDAD
VELOCIDAD
UNIVERSAL
ACELERACIÓN

85 - Muziekinstrumenten

```
U C Q Í E E C L E O J N A B
J Z A D J T P E N L B I A A
Y H C B E A M N A E F O T R
P E R C U S I Ó N H A Í E M
G N O G Q F P F I C G T P Ó
T U I A W Z I O L N O R M N
V A I H U F A X O O T O O I
I A M T T I N A D L S M R C
O R L B A N O S N O S B T A
L P Y U O R R X A I C Ó Z T
Í A J B K R R R M V M N U U
N S A B M I R A M L R V D A
P A N D E R E T A D N M J L
C L A R I N E T E Z J H B F
```

BANJO
VIOLONCHELO
FAGOT
FLAUTA
GUITARRA
GONG
ARPA
OBOE
CLARINETE
MANDOLINA
MARIMBA
ARMÓNICA
PERCUSIÓN
PIANO
SAXOFÓN
PANDERETA
TROMBÓN
TAMBOR
TROMPETA
VIOLÍN

86 - Antiek

```
P J L N Ó I S R E V N I A Q
I A A Ó D E C O R A T I V O
N O L I T S E I Í N A N I L
T C G C V A L O R A H V A G
U L Z A R U T L U C S E U I
R S B R E W K T X P A L T S
A L A U S U N I H R D B É Í
S T D A D I L A C E E E N Z
B Í Q T T L X Q I C N U T G
S B M S K S L E H I O M I H
G A L E R Í A T X O M F C C
I R L R Q V U B A R T E O N
E L E G A N T E U V I E J O
E P U O G N U Z Í S N H R I
```

AUTÉNTICO
ESCULTURA
DECORATIVO
SIGLO
ELEGANTE
GALERÍA
INVERSIÓN
ARTE
CALIDAD
MUEBLE
MONEDAS
INUSUAL
VIEJO
PRECIO
RESTAURACIÓN
PINTURAS
ESTILO
SUBASTA
VALOR

87 - Activiteiten en Vrije Ti

```
P K J N A T A C I Ó N Z S V
L N V A R E L A J A N T E O
O S S A R E R R A C H G N L
B J U D Z D F Q N B D U O E
S P B R K S I N E T O G I I
I Í Q U F P G N I P M A C B
É T F R C K B R E T R A I O
B O X E O E V T J R E W F L
Y V R O Y H O M A N Í Q A X
F Ú T B O L Í I I J H A H P
G O L F G R X U V R Í J Í E
S E N D E R I S M O M G D S
B A L O N C E S T O D Y L C
G H P I N T U R A U D Z P A
```

- BALONCESTO
- BOXEO
- BUCEO
- GOLF
- PESCA
- AFICIONES
- BÉISBOL
- CAMPING
- ARTE
- RELAJANTE
- CARRERAS
- VIAJE
- PINTURA
- SURF
- TENIS
- JARDINERÍA
- FÚTBOL
- VOLEIBOL
- SENDERISMO
- NATACIÓN

88 - Koffie

```
R M Í V U Á L B S W U J J X
O L T U W C Í N E G I R O D
D T F A P I Q R D B U Q Z S
A V L R V D U A B Z I Y N S
S A B O R O I N C N S D X Y
A U U R K R D A D E I R A V
Z G Y T Í D O Ñ C S I X A N
Ú A I L P W I A M A R G O E
C N W I M H C M Y K C U J G
A Í X F H A E C X D M H T R
R E L O M V R T R K C R Y O
O F U D R I P O R E H C E L
M A B D V K S K M M M H L P
N C I L K X I X E A Z A T I
```

AROMA
TAZA
AMARGO
CAFEÍNA
BEBIDA
FILTRO
ASADO
MOLER
LECHE
MAÑANA

ORIGEN
PRECIO
CREMA
SABOR
AZÚCAR
VARIEDAD
LÍQUIDO
AGUA
ÁCIDO
NEGRO

89 - Boerderij #1

```
F E R T I L I Z A N T E M A
W R H L D X Q C E Í C C O G
U P S U H R C A J E B A V R
C G T F J O R B G U F Z A I
Y S K A I O V R E U C V L C
C A B A L L O A J T I A L U
B R S G E V Ñ P G E R C A L
I U A W I N A Z O R R A R T
J A R A M L B T R N Y Í N U
C C G R Y I E S R E E Z L R
A G U A O K R B E R G H T A
P O L L O T F L P O P M A C
Q Q F P A S A L L I M E S F
J M R R B P R G Z H K D O P
```

ABEJA
BURRO
CABRA
VALLA
PERRO
MIEL
HENO
TERNERO
GATO
POLLO

VACA
CUERVO
REBAÑO
AGRICULTURA
FERTILIZANTE
CABALLO
ARROZ
CAMPO
AGUA
SEMILLAS

90 - Huis

```
D C M K C F I S C O C I N A
U P U I A G C I Ó V H U K A
C D E R A P A A N T A U U U
H C B R W T B R G V A L O F
A W L I I U O A A T O N L L
J R E L Y I C P A J J U O A
J A R D Í N S M Y M E O P N
Á T I C O V E Á R S P Z H Y
Í Q C F R W M L P J S X G A
A L F O M B R A P U E R T A
Q D K H E S C A L E R A S P
W Z A C E T O I L B I B D X
L G A E D O R M I T O R I O
S Í Z T H A B I T A C I Ó N
```

ESCOBA
BIBLIOTECA
TECHO
PUERTA
DUCHA
GARAJE
VALLA
HABITACIÓN
SÓTANO
COCINA

LÁMPARA
MUEBLE
PARED
DORMITORIO
ESPEJO
ALFOMBRA
ESCALERAS
JARDÍN
ÁTICO

91 - Geometrie

K	M	I	Í	Q	M	L	A	Í	R	O	E	T	C
U	E	R	A	N	Q	A	R	U	T	L	A	R	U
D	D	J	Í	S	F	C	S	R	B	U	O	I	R
I	I	K	R	N	Ó	I	C	A	U	C	E	Á	V
Á	A	Q	T	C	T	G	F	B	I	Y	M	N	A
M	N	R	E	Z	W	Ó	C	X	F	V	I	G	R
E	A	P	M	C	H	L	N	A	G	I	J	U	E
T	C	D	I	M	E	N	S	I	Ó	N	A	L	N
R	Y	Á	S	E	G	M	E	N	T	O	X	O	W
O	R	A	L	U	C	I	D	N	E	P	R	E	P
C	B	E	I	C	I	F	R	E	P	U	S	D	Z
T	C	L	V	A	U	Á	N	G	U	L	O	Q	L
T	F	O	O	L	O	L	E	L	A	R	A	P	H
U	G	A	D	S	C	G	O	L	U	C	R	Í	C

CÁLCULO   PERPENDICULAR
CÍRCULO   MASA
CURVA   MEDIANA
DIÁMETRO   SUPERFICIE
DIMENSIÓN   PARALELO
TRIÁNGULO   SEGMENTO
ÁNGULO   SIMETRÍA
ALTURA   TEORÍA
LÓGICA   ECUACIÓN

92 - Jazz

```
M U B L Á O T R E I C N O C
Ú C A N C I Ó N L D O V V A
S I S A F N É T M O M I E R
I A R T I S T A T S P E U F
C G É N E R O P K U O J N Q
A U I G H O A X Z A S O T E
O R Q U E S T A O L I T S E
R K Y G Y O H L K P T F U F
I X C R S M J P A A O K N T
T N Ó I C A S I V O R P M I
M N O W O F T V S Y K Y L H
O T N E L A T T É C N I C A
C O M P O S I C I Ó N W Q S
X O R M R F A V O R I T O S
```

ÁLBUM
APLAUSO
ARTISTA
FAMOSO
COMPOSITOR
CONCIERTO
FAVORITOS
GÉNERO
IMPROVISACIÓN
CANCIÓN

MÚSICA
ÉNFASIS
NUEVO
ORQUESTA
VIEJO
RITMO
COMPOSICIÓN
ESTILO
TALENTO
TÉCNICA

93 - Getallen

```
D O C E D I E C I O C H O S
D I E C I S I E T E M T Í I
C J A H Q K N I G H G I I E
K K W T N K V H Q M U N O T
Q U I N C E C U A T R O T E
Z K O C H O X N V X X C R C
D I E Z Z I C N F E Í A E I
E Q I Q N U E V E P I I C N
Y N S I É S I C E I D N E C
Y Q E I K O Y C R X Z N T O
X P R Z E D M E I O I K S E
U Y T F S S A R L W T Z I T
W C U V W N U O G M A A Í M
D I E C I N U E V E U W C N
```

OCHO
DIECIOCHO
TRECE
TRES
UNO
NUEVE
DIECINUEVE
CERO
DIEZ
DOCE

DOS
VEINTE
CATORCE
CUATRO
CINCO
QUINCE
SEIS
DIECISÉIS
SIETE
DIECISIETE

94 - Boksen

```
Y H C Y G L P B N E O K C F
V A W I B U U I O S P X E X
C B G J T C Ñ Z P Q O R N B
U I U U B H O R R U N Á T O
E L A H A A Z H E I E P R E
R I N Q R D I K U N N I A C
D D T C B O D O C A T D R A
A A E S I R T P F P E O K M
S D S R L L Q S U U P Z Q P
X B W M L M S N U N E B K A
F Q X R A E T A P A T R F N
Á R B I T R O I O B H O Z A
L E S I O N E S V L R X S A
Í O N Ó I C A R E P U C E R
```

CODO
CENTRAR
GUANTES
RECUPERACIÓN
ESQUINA
BARBILLA
CAMPANA
FUERZA
CUERPO
PUNTOS

ÁRBITRO
PATEAR
RÁPIDO
OPONENTE
CUERDAS
EXHAUSTO
HABILIDAD
LUCHADOR
LESIONES
PUÑO

95 - Boerderij #2

```
H F M C J K Í C U V P Z O B
T U A N K Y Y P O A M A L L
H A Í P A S T O R L U U T K
D Z Z V P K Y X C Y M D Y O
A O V E J A T U R F I E K B
O D P O Z N M C O F C O N T
C O R D E R O O T R E U H A
M O L I N O G G C I I Y N A
C E B A D A T I A P Q E J V
B I D Z N H T R R R D H G D
G R A N E R O T T A L C V O
A N I M A L E S K D V E N C
P V E G E T A L X O F L U C
A G R I C U L T O R J A C Q
```

COLMENA
AGRICULTOR
HUERTO
ANIMALES
PATO
FRUTA
CEBADA
VEGETAL
PASTOR
RIEGO

CORDERO
LLAMA
MAÍZ
LECHE
OVEJA
GRANERO
TRIGO
TRACTOR
PRADO
MOLINO

96 - Psychologie

```
R E C U E R D O S S T I P E
V L S N D Y O Z S D E N E G
U A X Ó H A R Q P Y R F N O
H M J I A R D W K M A A S C
P E R C E P C I Ó N P N A L
V L J A Í Í G Z L T I C M Í
H B Í S O Ñ E U S A A I I N
N O J N G N O E Q P E A E I
Í R E E K T D H S S R R N C
B P C S E N O I C O M E T O
I L S Q N O T C I L F N O C
S J E V A L U A C I Ó N S I
E X P E R I E N C I A S F T
I N F L U E N C I A S I M A
```

CITA
EVALUACIÓN
CONFLICTO
SUEÑOS
EGO
EMOCIONES
EXPERIENCIAS
PENSAMIENTOS
SENSACIÓN

RECUERDOS
INFLUENCIAS
INFANCIA
CLÍNICO
PERCEPCIÓN
PROBLEMA
REALIDAD
TERAPIA

97 - Zakelijk

```
E M Í T Z O D I N E R O V F
M E N Ó I S R E V N I T E I
P S O T S E U P M I P S N N
R H S L P R N T N O R O T A
E S X U Q G E D M D E C A N
S H Í C M N I C A A S X A Z
A O D R A I A M R E U W D A
N G K O R O D A E L P M E S
O F I C I N A J R P U O N T
J F Á B R I C A R M E U O K
E C O N O M Í A A E S Í M L
D V Í N Í Y X Y C M T C X E
D E S C U E N T O W O G Z A
T R A N S A C C I Ó N J U Q
```

EMPRESA
PRESUPUESTO
IMPUESTOS
CARRERA
ECONOMÍA
FÁBRICA
FINANZAS
DINERO
INGRESO
INVERSIÓN

OFICINA
DESCUENTO
COSTO
TRANSACCIÓN
MONEDA
VENTA
EMPLEADOR
EMPLEADO
TIENDA
LUCRO

98 - Voeding

```
C A R B O H I D R A T O S P
D I G E S T I Ó N H W G D R
C E L B A D U L A S G R Q O
J A Q L Í Q U I D O S A R T
G N L U M E M D J Y Y M P E
V I S O I O T I T E P A P Í
I M D S R L A L Y D I H B N
T A B E V Í I D I E T A W A
T T W P R M A B S A L U D S
L I B W O B H S R O B A S P
O V C A L I D A D A S L A S
C O M E S T I B L E D U F G
M S K F Y J J A N I X O T I
F E R M E N T A C I Ó N H D
```

AMARGO
CALORÍAS
DIETA
COMESTIBLE
APETITO
PROTEÍNAS
EQUILIBRADO
FERMENTACIÓN
PESO
SALUDABLE

SALUD
CARBOHIDRATOS
CALIDAD
SALSA
SABOR
DIGESTIÓN
TOXINA
VITAMINA
LÍQUIDOS

99 - Chemie

```
O R G Á N I C O U M C Í M Í
H B R S F U O C B T A A O J
J I O A H A S P X E L E L O
A C D L C E E W E U O L É N
L D A R N G L W H S R E C I
Í Y Z Á Ó M A S N C O C U L
Q C I C I G T S T R O T L A
U L L I C E E O N O B R A C
I O A D C L M N Z C N Ó M L
D R T O A Í U I O Q P N I A
O O A M E O X Í G E N O Z B
A W C U R J O U T W G X N R
T E M P E R A T U R A E E B
Z Í F K Q I O N E F P X Q D
```

ALCALINO
CLORO
ELECTRÓN
ENZIMA
GAS
PESO
ION
CATALIZADOR
CARBONO
METALES

MOLÉCULA
ORGÁNICO
REACCIÓN
TEMPERATURA
LÍQUIDO
CALOR
HIDRÓGENO
SAL
ÁCIDO
OXÍGENO

1 - Metingen
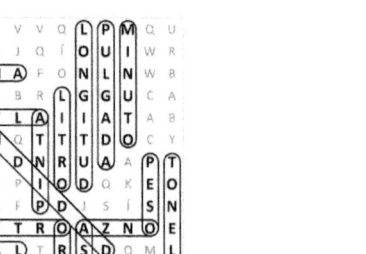

2 - Keuken
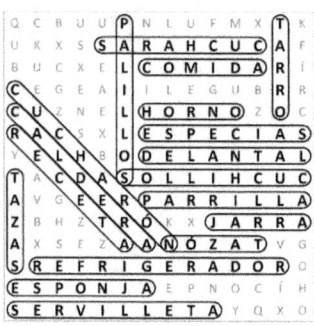

3 - Boten
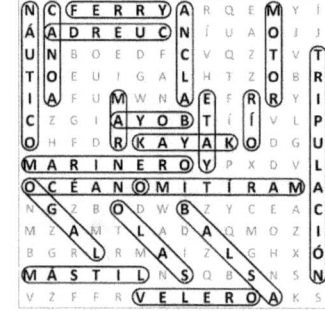

4 - Chocolade
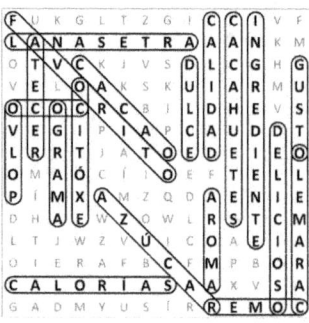

5 - Gezondheid en Welzijn #2
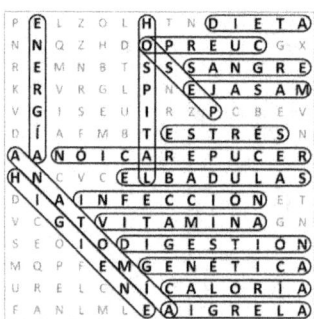

6 - Tijd
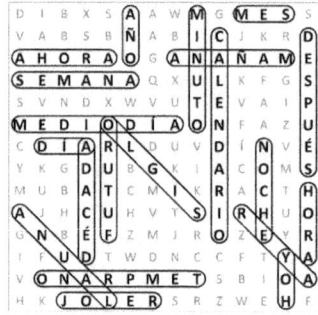

7 - Meditatie
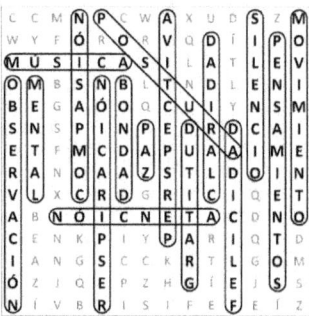

8 - Muziek
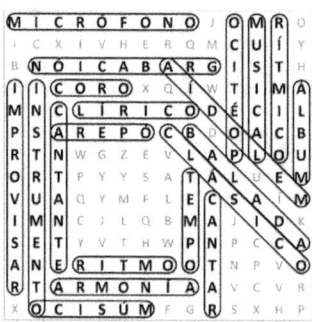

9 - Vogels
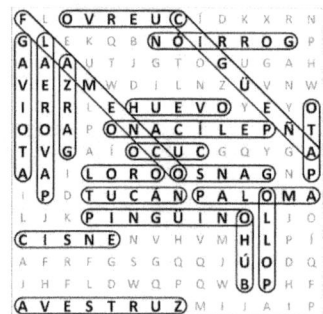

10 - Universum
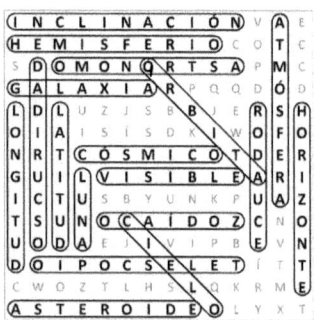

11 - Wiskunde
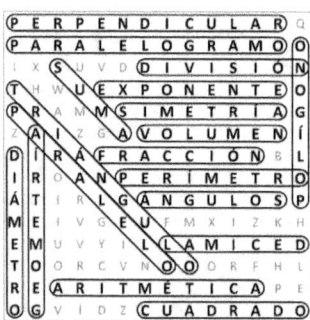

12 - Gezondheid en Welzijn #1
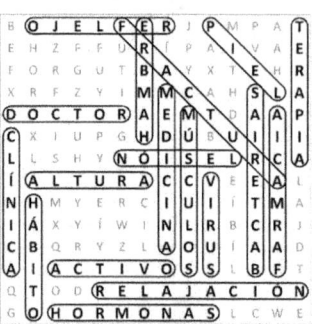

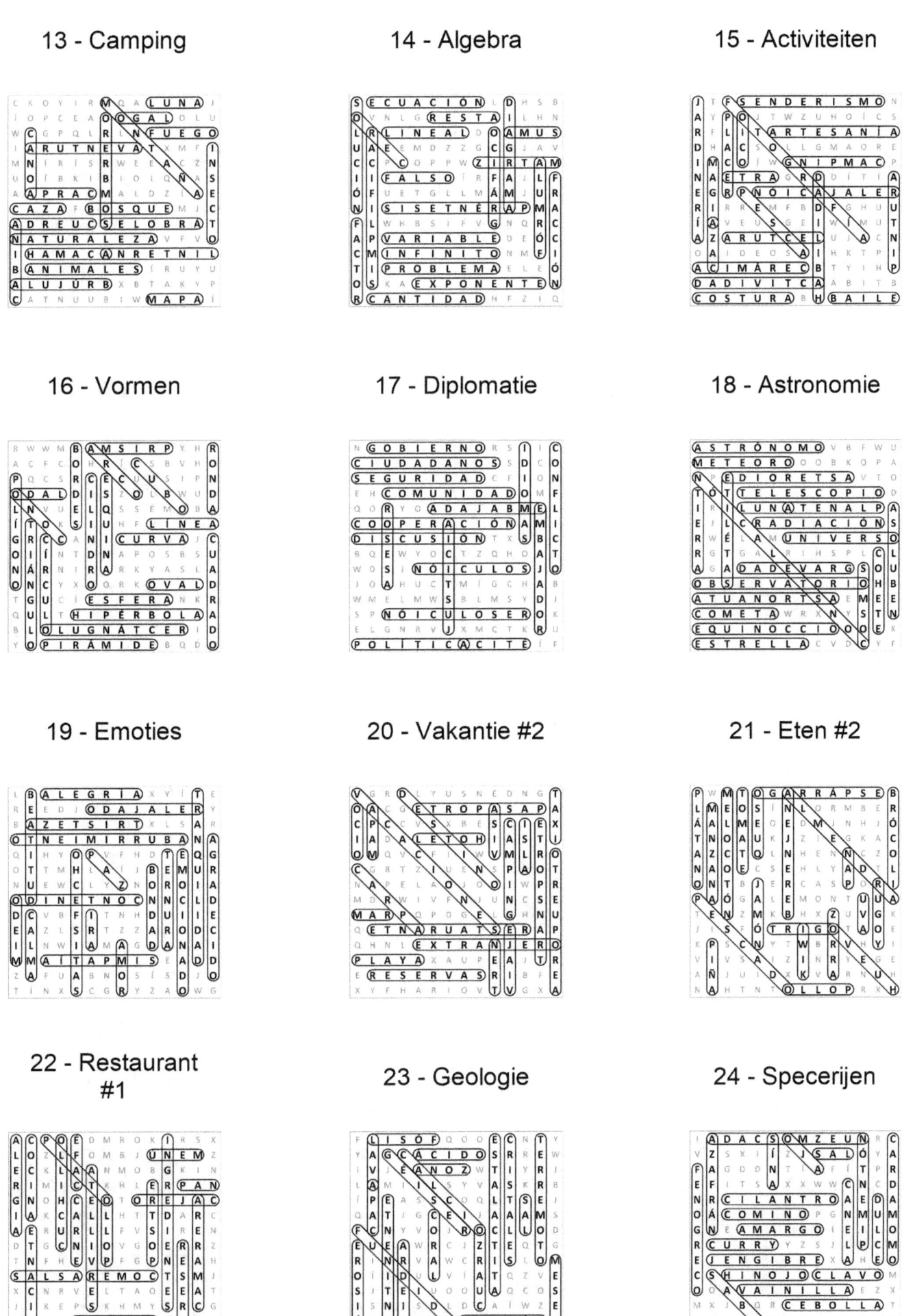

25 - Groenten

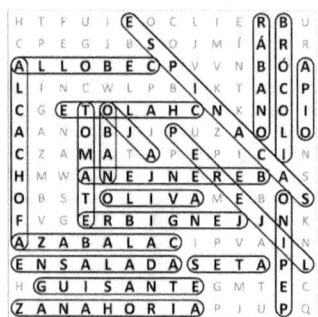

26 - Archeologie

27 - Dans

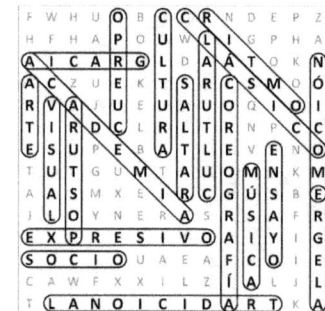

28 - Mythologie

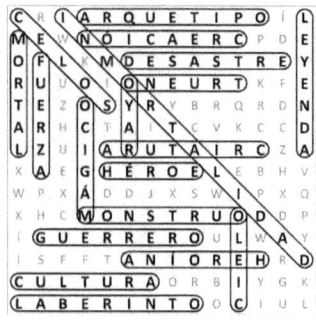

29 - Eten #1

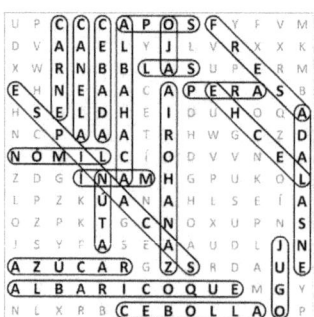

30 - Avontuur

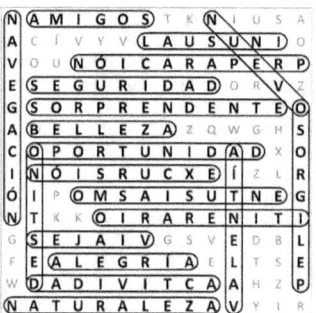

31 - Circus

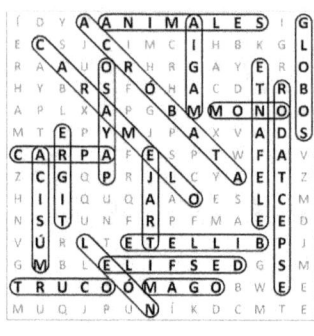

32 - Restaurant #2

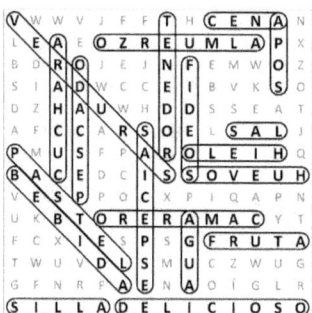

33 - De Media

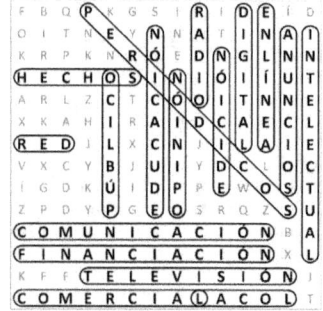

34 - Bijen

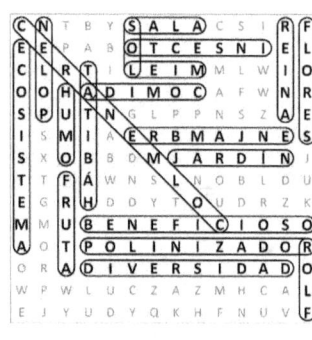

35 - Wandelen

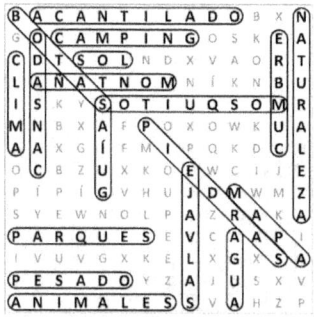

36 - Ecologie

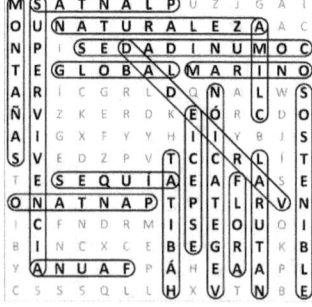

37 - Landen #1

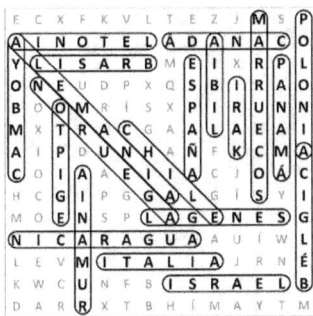

38 - Installaties

39 - Oceaan

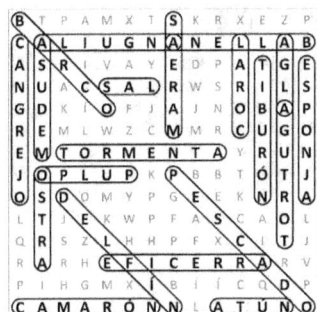

40 - Landen #2

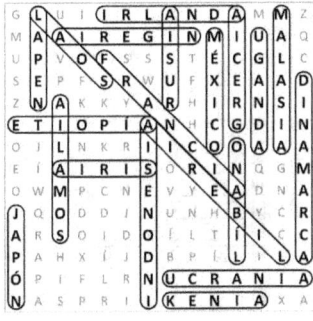

41 - Bloemen

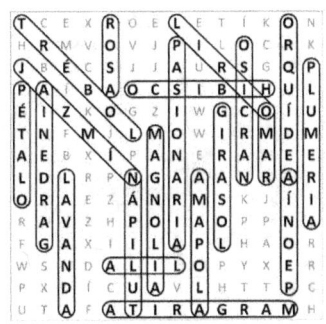

42 - Huisdieren

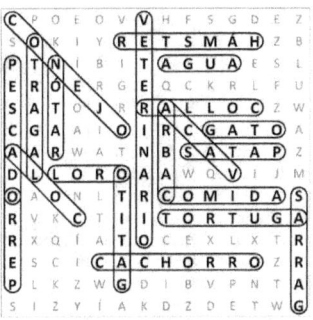

43 - Landschappen

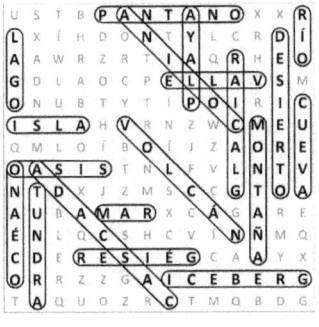

44 - Tuin

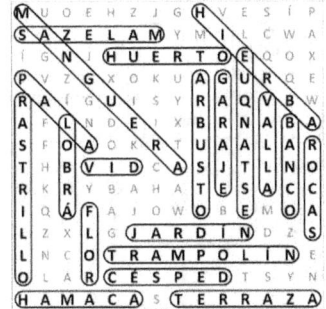

45 - Beroepen #2

46 - Dagen en Maanden

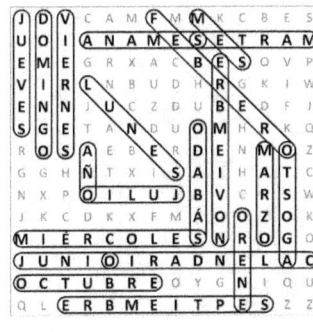

47 - Beeldende Kunsten

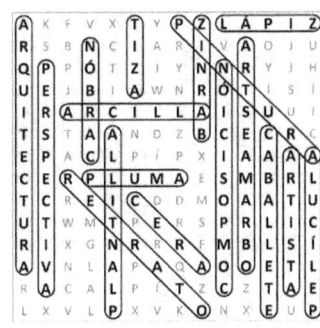

48 - Mode

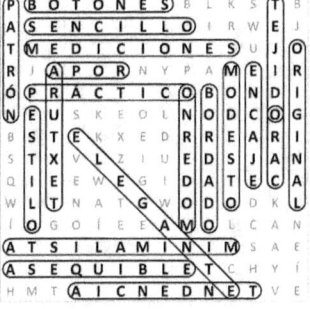

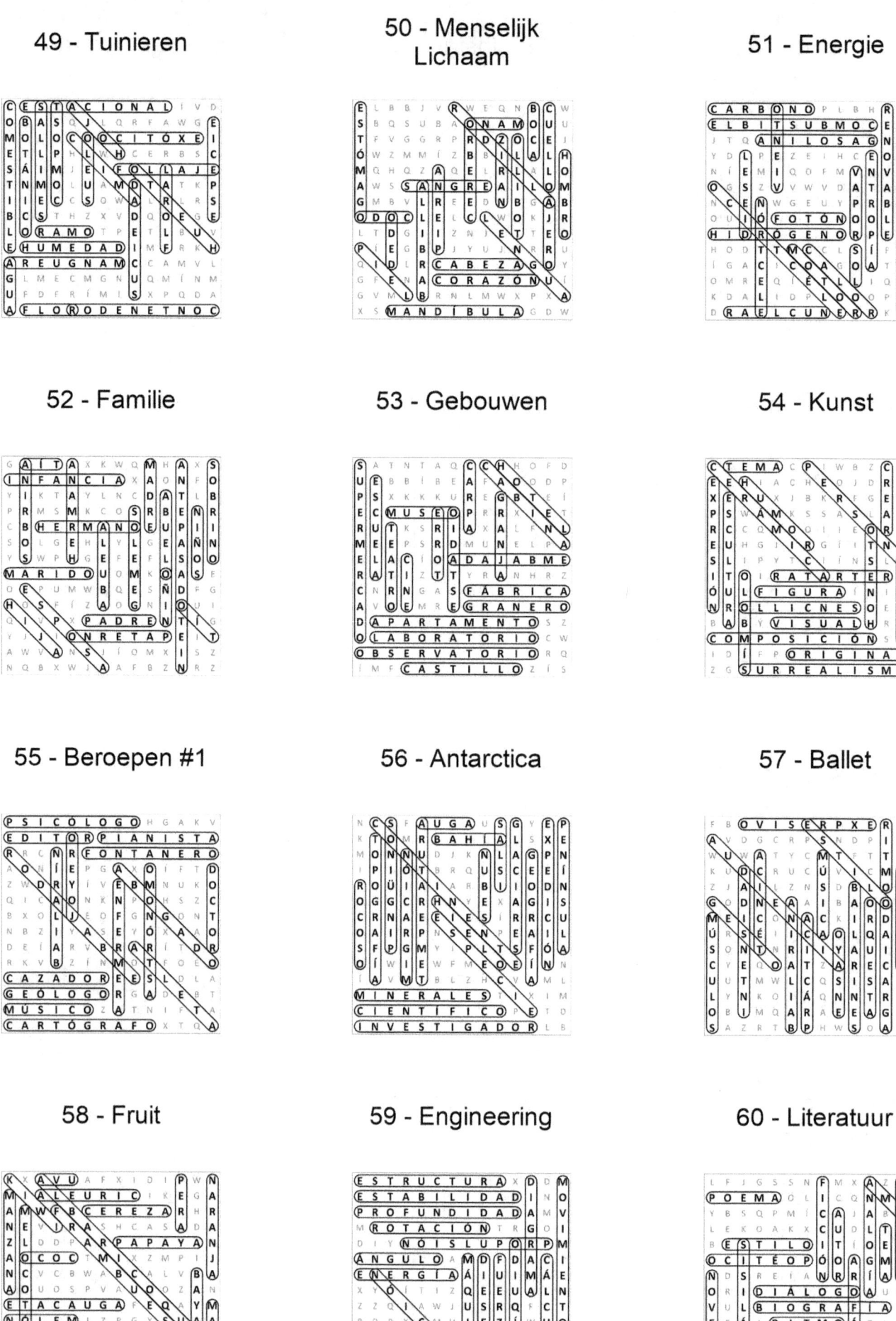

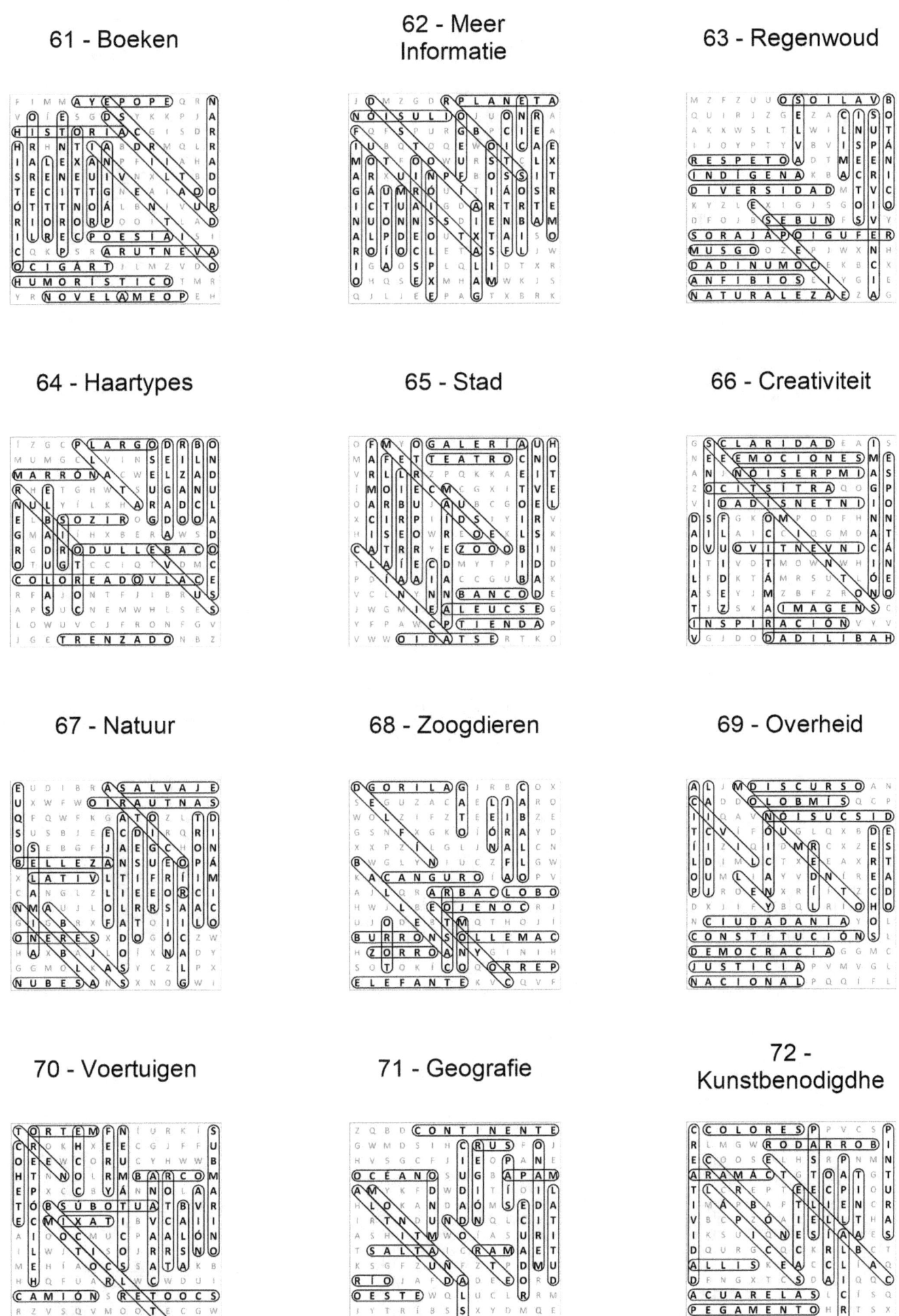

73 - Barbecues

74 - Schoonheid
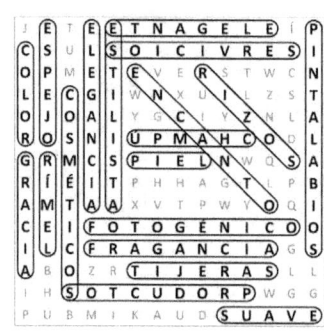

75 - Wetenschappelijk
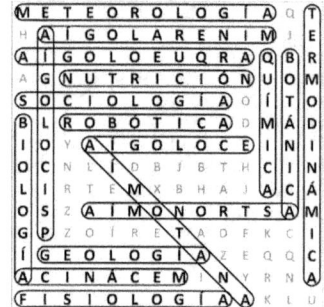

76 - Bijvoeglijke Naamwoorden
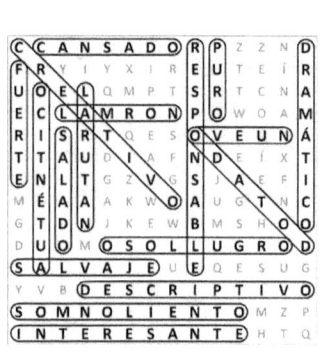

77 - Kleding
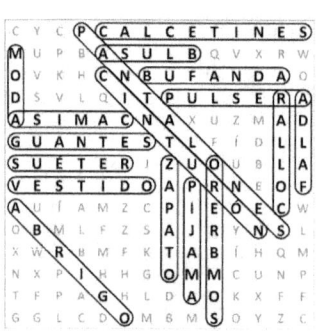

78 - Vliegtuigen
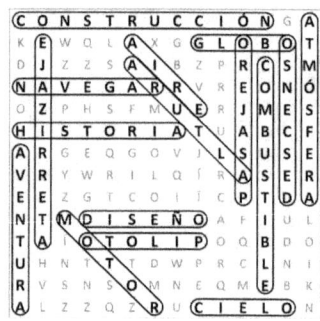

79 - Herbalisme
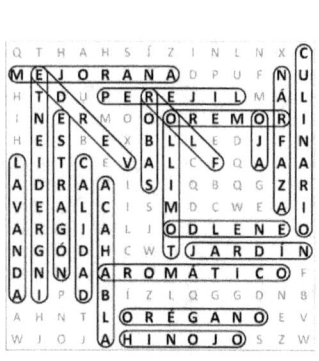

80 - Kracht en Zwaartekracht
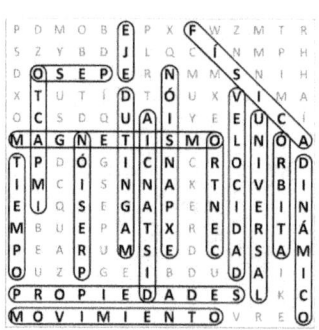

81 - Het Bedrijf
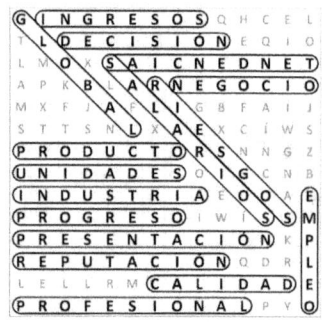

82 - Rijden
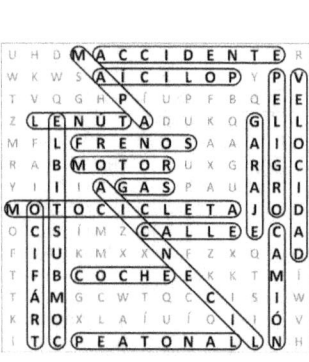

83 - Wetenschap
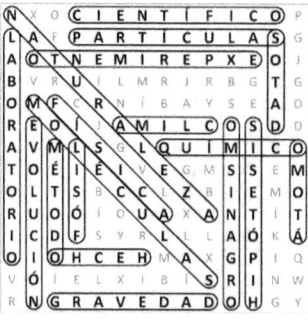

84 - Natuurkunde
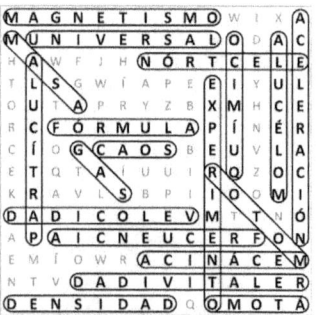

85 - Muziekinstrument

86 - Antiek

87 - Activiteiten en Vrije Ti

88 - Koffie

89 - Boerderij #1

90 - Huis

91 - Geometrie

92 - Jazz

93 - Getallen

94 - Boksen

95 - Boerderij #2

96 - Psychologie

97 - Zakelijk 98 - Voeding 99 - Chemie

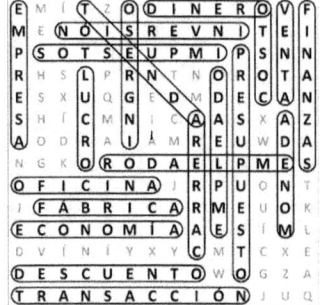 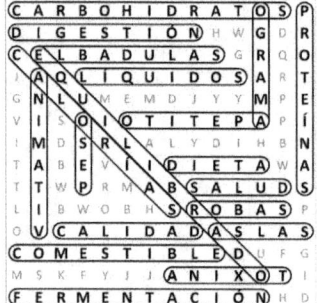 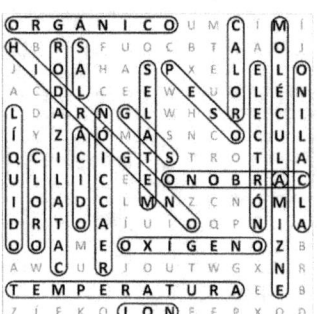

Woordenboek

Activiteiten
Actividades

Activiteit	Actividad
Ambachten	Artesanía
Dansen	Baile
Fotografie	Fotografía
Hengelsport	Pesca
Jacht	Caza
Kamperen	Camping
Keramiek	Cerámica
Kunst	Arte
Lezen	Lectura
Magie	Magia
Naaien	Costura
Ontspanning	Relajación
Plezier	Placer
Puzzels	Rompecabezas
Schilderij	Pintura
Tuinieren	Jardinería
Vaardigheid	Habilidad
Vrije Tijd	Ocio
Wandelen	Senderismo

Activiteiten en Vrije Ti
Actividades y Ocio

Basketbal	Baloncesto
Boksen	Boxeo
Duiken	Buceo
Golf	Golf
Hengelsport	Pesca
Hobby	Aficiones
Honkbal	Béisbol
Kamperen	Camping
Kunst	Arte
Ontspannen	Relajante
Racen	Carreras
Reis	Viaje
Schilderij	Pintura
Surfen	Surf
Tennis	Tenis
Tuinieren	Jardinería
Voetbal	Fútbol
Volleybal	Voleibol
Wandelen	Senderismo
Zwemmen	Natación

Algebra
Álgebra

Aftrekken	Resta
Diagram	Diagrama
Exponent	Exponente
Factor	Factor
Formule	Fórmula
Fractie	Fracción
Grafiek	Gráfico
Haakje	Paréntesis
Hoeveelheid	Cantidad
Lineair	Lineal
Matrix	Matriz
Nul	Cero
Oneindig	Infinito
Oplossing	Solución
Probleem	Problema
Som	Suma
Vals	Falso
Variabele	Variable
Vereenvoudigen	Simplificar
Vergelijking	Ecuación

Antarctica
Antártida

Baai	Bahía
Behoud	Conservación
Continent	Continente
Eilanden	Islas
Expeditie	Expedición
Geografie	Geografía
Gletsjers	Glaciares
Ijs	Hielo
Migratie	Migración
Mineralen	Minerales
Onderzoeker	Investigador
Pinguïn	Pingüinos
Rotsachtig	Rocoso
Schiereiland	Península
Soort	Especie
Temperatuur	Temperatura
Topografie	Topografía
Water	Agua
Wetenschappelijk	Científico
Wolken	Nubes

Antiek
Antigüedades

Authentiek	Auténtico
Beeldhouwwerk	Escultura
Decoratief	Decorativo
Eeuw	Siglo
Elegant	Elegante
Galerij	Galería
Investering	Inversión
Kunst	Arte
Kwaliteit	Calidad
Meubilair	Mueble
Munten	Monedas
Ongewoon	Inusual
Oud	Viejo
Prijs	Precio
Restauratie	Restauración
Schilderijen	Pinturas
Stijl	Estilo
Veiling	Subasta
Verzamelaar	Coleccionista
Waarde	Valor

Archeologie
Arqueología

Analyse	Análisis
Beschaving	Civilización
Botten	Huesos
Deskundige	Experto
Evaluatie	Evaluación
Fossiel	Fósil
Fragmenten	Fragmentos
Graf	Tumba
Mysterie	Misterio
Nakomeling	Descendiente
Objecten	Objetos
Onbekend	Desconocido
Onderzoeker	Investigador
Oudheid	Antigüedad
Professor	Profesor
Relikwie	Reliquia
Team	Equipo
Tempel	Templo
Tijdperk	Era
Vergeten	Olvidado

Astronomie
Astronomía

Aarde	Tierra
Asteroïde	Asteroide
Astronaut	Astronauta
Astronoom	Astrónomo
Equinox	Equinoccio
Komeet	Cometa
Kosmos	Cosmos
Maan	Luna
Meteoor	Meteoro
Nevel	Nebulosa
Observatorium	Observatorio
Planeet	Planeta
Raket	Cohete
Satelliet	Satélite
Ster	Estrella
Sterrenbeeld	Constelación
Straling	Radiación
Telescoop	Telescopio
Universum	Universo
Zwaartekracht	Gravedad

Avontuur
Aventura

Activiteit	Actividad
Bestemming	Destino
Enthousiasme	Entusiasmo
Excursie	Excursión
Gevaarlijk	Peligroso
Kans	Oportunidad
Moed	Valentía
Moeilijkheid	Dificultad
Natuur	Naturaleza
Navigatie	Navegación
Nieuw	Nuevo
Ongewoon	Inusual
Reisplan	Itinerario
Reizen	Viajes
Schoonheid	Belleza
Veiligheid	Seguridad
Verrassend	Sorprendente
Voorbereiding	Preparación
Vreugde	Alegría
Vrienden	Amigos

Ballet
Ballet

Applaus	Aplauso
Artistiek	Artístico
Ballerina	Bailarina
Choreografie	Coreografía
Componist	Compositor
Dansers	Bailarines
Expressief	Expresivo
Gebaar	Gesto
Intensiteit	Intensidad
Muziek	Música
Orkest	Orquesta
Praktijk	Práctica
Publiek	Audiencia
Repetitie	Ensayo
Ritme	Ritmo
Sierlijk	Agraciado
Spieren	Músculos
Stijl	Estilo
Techniek	Técnica
Vaardigheid	Habilidad

Barbecues
Barbacoas

Diner	Cena
Familie	Familia
Fruit	Fruta
Grill	Parrilla
Groente	Verduras
Heet	Caliente
Honger	Hambre
Kip	Pollo
Lunch	Almuerzo
Messen	Cuchillos
Muziek	Música
Peper	Pimienta
Salades	Ensaladas
Saus	Salsa
Tomaten	Tomates
Uien	Cebollas
Uitnodiging	Invitación
Vorken	Tenedores
Zomer	Verano
Zout	Sal

Beeldende Kunsten
Artes Visuales

Architectuur	Arquitectura
Artiest	Artista
Beeldhouwwerk	Escultura
Creativiteit	Creatividad
Ezel	Caballete
Film	Película
Houtskool	Carbón
Keramiek	Cerámica
Klei	Arcilla
Krijt	Tiza
Meesterwerk	Obra Maestra
Pen	Pluma
Perspectief	Perspectiva
Portret	Retrato
Potlood	Lápiz
Samenstelling	Composición
Schilderij	Pintura
Stencil	Plantilla
Vernis	Barniz
Was	Cera

Beroepen #1
Profesiones #1

Advocaat	Abogado
Ambassadeur	Embajador
Apotheker	Farmacéutico
Astronoom	Astrónomo
Atleet	Atleta
Bankier	Banquero
Cartograaf	Cartógrafo
Danser	Bailarín
Dierenarts	Veterinario
Dokter	Doctor
Editor	Editor
Geoloog	Geólogo
Jager	Cazador
Juwelier	Joyero
Loodgieter	Fontanero
Muzikant	Músico
Pianist	Pianista
Psycholoog	Psicólogo
Verpleegster	Enfermera
Wetenschapper	Científico

Beroepen #2
Profesiones #2

Arts	Médico
Astronaut	Astronauta
Bibliothecaris	Bibliotecario
Bioloog	Biólogo
Boer	Agricultor
Chirurg	Cirujano
Detective	Detective
Filosoof	Filósofo
Fotograaf	Fotógrafo
Illustrator	Ilustrador
Ingenieur	Ingeniero
Journalist	Periodista
Leraar	Profesor
Linguïst	Lingüista
Onderzoeker	Investigador
Piloot	Piloto
Schilder	Pintor
Tandarts	Dentista
Tuinman	Jardinero
Uitvinder	Inventor

Bijen
Abejas

Bestuiver	Polinizador
Bijenkorf	Colmena
Bloemen	Flores
Bloesem	Flor
Diversiteit	Diversidad
Ecosysteem	Ecosistema
Fruit	Fruta
Habitat	Hábitat
Honing	Miel
Insect	Insecto
Koningin	Reina
Rook	Humo
Stuifmeel	Polen
Tuin	Jardín
Vleugels	Alas
Voedsel	Comida
Voordelig	Beneficioso
Was	Cera
Zon	Sol
Zwerm	Enjambre

Bijvoeglijke Naamwoorden
Adjetivos #1

Aantrekkelijk	Atractivo
Actief	Activo
Ambitieus	Ambicioso
Aromatisch	Aromático
Artistiek	Artístico
Belangrijk	Importante
Diep	Profundo
Donker	Oscuro
Dun	Delgada
Eerlijk	Honesto
Exotisch	Exótico
Identiek	Idéntico
Jong	Joven
Lang	Largo
Langzaam	Lento
Modern	Moderno
Onschuldig	Inocente
Perfect	Perfecto
Waardevol	Valioso
Zwaar	Pesado

Bijvoeglijke Naamwoorden
Adjetivos #2

Authentiek	Auténtico
Begaafd	Dotado
Beschrijvend	Descriptivo
Creatief	Creativo
Dramatisch	Dramático
Gezond	Saludable
Hongerig	Hambriento
Interessant	Interesante
Moe	Cansado
Natuurlijk	Natural
Nieuw	Nuevo
Normaal	Normal
Productief	Productivo
Slaperig	Somnoliento
Sterk	Fuerte
Trots	Orgulloso
Verantwoordelijk	Responsable
Wild	Salvaje
Zout	Salado
Zuiver	Puro

Bloemen
Flores

Bloemblad	Pétalo
Boeket	Ramo
Gardenia	Gardenia
Hibiscus	Hibisco
Jasmijn	Jazmín
Klaver	Trébol
Lavendel	Lavanda
Lelie	Lirio
Lila	Lila
Madeliefje	Margarita
Magnolia	Magnolia
Narcis	Narciso
Orchidee	Orquídea
Papaver	Amapola
Passiebloem	Pasionaria
Pioenroos	Peonía
Plumeria	Plumeria
Roos	Rosa
Tulp	Tulipán
Zonnebloem	Girasol

Boeken
Libros

Auteur	Autor
Avontuur	Aventura
Bladzijde	Página
Collectie	Colección
Context	Contexto
Dualiteit	Dualidad
Episch	Epopeya
Gedicht	Poema
Geschreven	Escrito
Historisch	Histórico
Humoristisch	Humorístico
Inventief	Inventivo
Lezer	Lector
Literair	Literario
Poëzie	Poesía
Relevant	Pertinente
Roman	Novela
Tragisch	Trágico
Verhaal	Historia
Verteller	Narrador

Boerderij #1
Granja #1

Bij	Abeja
Ezel	Burro
Geit	Cabra
Hek	Valla
Hond	Perro
Honing	Miel
Hooi	Heno
Kalf	Ternero
Kat	Gato
Kip	Pollo
Koe	Vaca
Kraai	Cuervo
Kudde	Rebaño
Landbouw	Agricultura
Mest	Fertilizante
Paard	Caballo
Rijst	Arroz
Veld	Campo
Water	Agua
Zaden	Semillas

Boerderij #2
Granja #2

Bijenkorf	Colmena
Boer	Agricultor
Boomgaard	Huerto
Dieren	Animales
Eend	Pato
Fruit	Fruta
Gerst	Cebada
Groente	Vegetal
Herder	Pastor
Irrigatie	Riego
Lam	Cordero
Lama	Llama
Maïs	Maíz
Melk	Leche
Schaap	Oveja
Schuur	Granero
Tarwe	Trigo
Tractor	Tractor
Weide	Prado
Windmolen	Molino

Boksen
Boxeo

Elleboog	Codo
Focus	Centrar
Handschoenen	Guantes
Herstel	Recuperación
Hoek	Esquina
Kin	Barbilla
Klok	Campana
Kracht	Fuerza
Lichaam	Cuerpo
Punten	Puntos
Scheidsrechter	Árbitro
Schoppen	Patear
Snel	Rápido
Tegenstander	Oponente
Touwen	Cuerdas
Uitgeput	Exhausto
Vaardigheid	Habilidad
Vechter	Luchador
Verwondingen	Lesiones
Vuist	Puño

Boten
Barcos

Anker	Ancla
Bemanning	Tripulación
Boei	Boya
Golven	Olas
Jacht	Yate
Kajak	Kayak
Kano	Canoa
Maritiem	Marítimo
Mast	Mástil
Matroos	Marinero
Meer	Lago
Motor	Motor
Nautisch	Náutico
Oceaan	Océano
Rivier	Río
Touw	Cuerda
Veerboot	Ferry
Vlot	Balsa
Zee	Mar
Zeilboot	Velero

Camping
Camping

Avontuur	Aventura
Berg	Montaña
Bomen	Árboles
Bos	Bosque
Brand	Fuego
Cabine	Cabina
Dieren	Animales
Hangmat	Hamaca
Hoed	Sombrero
Insect	Insecto
Jacht	Caza
Kaart	Mapa
Kano	Canoa
Kompas	Brújula
Lantaarn	Linterna
Maan	Luna
Meer	Lago
Natuur	Naturaleza
Tent	Carpa
Touw	Cuerda

Chemie
Química

Alkalisch	Alcalino
Chloor	Cloro
Elektron	Electrón
Enzym	Enzima
Gas	Gas
Gewicht	Peso
Ion	Ion
Katalysator	Catalizador
Koolstof	Carbono
Metalen	Metales
Molecuul	Molécula
Organisch	Orgánico
Reactie	Reacción
Temperatuur	Temperatura
Vloeistof	Líquido
Warmte	Calor
Waterstof	Hidrógeno
Zout	Sal
Zuur	Ácido
Zuurstof	Oxígeno

Chocolade
Chocolate

Antioxidant	Antioxidante
Aroma	Aroma
Artisanaal	Artesanal
Bitter	Amargo
Cacao	Cacao
Calorieën	Calorías
Eten	Comer
Exotisch	Exótico
Favoriet	Favorito
Heerlijk	Delicioso
Ingrediënt	Ingrediente
Karamel	Caramelo
Kokosnoot	Coco
Kwaliteit	Calidad
Pinda'S	Cacahuetes
Poeder	Polvo
Recept	Receta
Smaak	Gusto
Suiker	Azúcar
Zoet	Dulce

Circus
Circo

Aap	Mono
Acrobaat	Acróbata
Ballonnen	Globos
Clown	Payaso
Dieren	Animales
Goochelaar	Mago
Jongleur	Malabarista
Kaartje	Billete
Kostuum	Traje
Leeuw	León
Magie	Magia
Muziek	Música
Olifant	Elefante
Parade	Desfile
Snoep	Caramelo
Tent	Carpa
Tijger	Tigre
Toeschouwer	Espectador
Truc	Truco
Vermaken	Entretener

Creativiteit
Creatividad

Artistiek	Artístico
Beeld	Imagen
Dramatisch	Dramático
Echtheid	Autenticidad
Emoties	Emociones
Gevoel	Sensación
Gevoelens	Sentimientos
Helderheid	Claridad
Indruk	Impresión
Inspiratie	Inspiración
Intensiteit	Intensidad
Intuïtie	Intuición
Inventief	Inventivo
Spontaan	Espontáneo
Uitdrukking	Expresión
Vaardigheid	Habilidad
Verbeelding	Imaginación
Visioenen	Visiones
Vitaliteit	Vitalidad
Vloeibaarheid	Fluidez

Dagen en Maanden
Días y Meses

Augustus	Agosto
Dinsdag	Martes
Donderdag	Jueves
Februari	Febrero
Jaar	Año
Januari	Enero
Juli	Julio
Juni	Junio
Kalender	Calendario
Maand	Mes
Maandag	Lunes
Maart	Marzo
November	Noviembre
Oktober	Octubre
September	Septiembre
Vrijdag	Viernes
Week	Semana
Woensdag	Miércoles
Zaterdag	Sábado
Zondag	Domingo

Dans
Baile

Academie	Academia
Beweging	Movimiento
Blij	Alegre
Choreografie	Coreografía
Cultureel	Cultural
Cultuur	Cultura
Emotie	Emoción
Expressief	Expresivo
Genade	Gracia
Houding	Postura
Klassiek	Clásico
Kunst	Arte
Lichaam	Cuerpo
Muziek	Música
Partner	Socio
Repetitie	Ensayo
Ritme	Ritmo
Springen	Saltar
Traditioneel	Tradicional
Visueel	Visual

De Media
Los Medios de Comunicación

Advertenties	Anuncios
Commercieel	Comercial
Communicatie	Comunicación
Digitaal	Digital
Editie	Edición
Feiten	Hechos
Financiering	Financiación
Individueel	Individual
Industrie	Industria
Intellectueel	Intelectual
Kranten	Periódicos
Lokaal	Local
Mening	Opinión
Netwerk	Red
Onderwijs	Educación
Online	En Línea
Publiek	Público
Radio	Radio
Televisie	Televisión
Tijdschriften	Revistas

Diplomatie
Diplomacia

Adviseur	Asesor
Ambassade	Embajada
Ambassadeur	Embajador
Burgers	Ciudadanos
Conflict	Conflicto
Diplomatiek	Diplomático
Discussie	Discusión
Ethiek	Ética
Gemeenschap	Comunidad
Gerechtigheid	Justicia
Humanitair	Humanitario
Integriteit	Integridad
Oplossing	Solución
Politiek	Política
Regering	Gobierno
Resolutie	Resolución
Samenwerking	Cooperación
Talen	Idiomas
Veiligheid	Seguridad
Verdrag	Tratado

Ecologie
Ecología

Bergen	Montañas
Diversiteit	Diversidad
Droogte	Sequía
Duurzaam	Sostenible
Fauna	Fauna
Flora	Flora
Gemeenschappen	Comunidades
Globaal	Global
Habitat	Hábitat
Klimaat	Clima
Marinier	Marino
Moeras	Pantano
Natuur	Naturaleza
Natuurlijk	Natural
Overleving	Supervivencia
Planten	Plantas
Soort	Especie
Variëteit	Variedad
Vegetatie	Vegetación
Vrijwilligers	Voluntarios

Emoties
Emociones

Angst	Miedo
Beschaamd	Avergonzado
Dankbaar	Agradecido
Droefheid	Tristeza
Gelukzaligheid	Beatitud
Inhoud	Contenido
Kalm	Calma
Liefde	Amor
Ontspannen	Relajado
Opgewonden	Emocionado
Rust	Tranquilidad
Sympathie	Simpatía
Tederheid	Ternura
Tevreden	Satisfecho
Verrassing	Sorpresa
Verveling	Aburrimiento
Vrede	Paz
Vreugde	Alegría
Vriendelijkheid	Bondad
Woede	Ira

Energie
Energía

Accu	Batería
Benzine	Gasolina
Brandstof	Combustible
Diesel	Diesel
Elektrisch	Eléctrico
Elektron	Electrón
Entropie	Entropía
Foton	Fotón
Hernieuwbaar	Renovable
Industrie	Industria
Koolstof	Carbono
Motor	Motor
Nucleair	Nuclear
Stoom	Vapor
Turbine	Turbina
Vervuiling	Contaminación
Warmte	Calor
Waterstof	Hidrógeno
Wind	Viento
Zon	Sol

Engineering
Ingeniería

As	Eje
Berekening	Cálculo
Beweging	Movimiento
Bouw	Construcción
Diagram	Diagrama
Diameter	Diámetro
Diepte	Profundidad
Diesel	Diesel
Energie	Energía
Hoek	Ángulo
Kracht	Fuerza
Machine	Máquina
Meting	Medición
Motor	Motor
Rotatie	Rotación
Stabiliteit	Estabilidad
Structuur	Estructura
Vloeistof	Líquido
Voortstuwing	Propulsión
Wrijving	Fricción

Eten #1
Comida #1

Aardbei	Fresa
Abrikoos	Albaricoque
Basilicum	Albahaca
Citroen	Limón
Gerst	Cebada
Kaneel	Canela
Knoflook	Ajo
Melk	Leche
Peer	Pera
Pinda	Maní
Salade	Ensalada
Sap	Jugo
Soep	Sopa
Spinazie	Espinacas
Suiker	Azúcar
Tonijn	Atún
Ui	Cebolla
Vlees	Carne
Wortel	Zanahoria
Zout	Sal

Eten #2
Comida #2

Amandel	Almendra
Ananas	Piña
Appel	Manzana
Asperge	Espárrago
Aubergine	Berenjena
Banaan	Plátano
Broccoli	Brócoli
Brood	Pan
Druif	Uva
Ei	Huevo
Ham	Jamón
Kaas	Queso
Kip	Pollo
Kiwi	Kiwi
Perzik	Melocotón
Rijst	Arroz
Tarwe	Trigo
Tomaat	Tomate
Vis	Pescado
Yoghurt	Yogur

Familie
Familia

Broer	Hermano
Dochter	Hija
Grootmoeder	Abuela
Jeugd	Infancia
Kind	Niño
Kinderen	Niños
Kleinzoon	Nieto
Man	Marido
Moeder	Madre
Neef	Sobrino
Nicht	Sobrina
Oom	Tío
Opa	Abuelo
Tante	Tía
Tweeling	Gemelos
Vader	Padre
Vaderlijk	Paterno
Voorouder	Antepasado
Vrouw	Esposa
Zus	Hermana

Fruit
Fruta

Abrikoos	Albaricoque
Ananas	Piña
Appel	Manzana
Avocado	Aguacate
Banaan	Plátano
Bes	Baya
Citroen	Limón
Druif	Uva
Framboos	Frambuesa
Kers	Cereza
Kiwi	Kiwi
Kokosnoot	Coco
Mango	Mango
Meloen	Melón
Nectarine	Nectarina
Oranje	Naranja
Papaja	Papaya
Peer	Pera
Perzik	Melocotón
Pruim	Ciruela

Gebouwen
Edificios

Ambassade	Embajada
Appartement	Apartamento
Bioscoop	Cine
Boerderij	Granja
Cabine	Cabina
Fabriek	Fábrica
Hotel	Hotel
Kasteel	Castillo
Laboratorium	Laboratorio
Museum	Museo
Observatorium	Observatorio
School	Escuela
Schuur	Granero
Stadion	Estadio
Supermarkt	Supermercado
Tent	Carpa
Theater	Teatro
Toren	Torre
Universiteit	Universidad
Ziekenhuis	Hospital

Geografie
Geografía

Atlas	Atlas
Berg	Montaña
Breedtegraad	Latitud
Continent	Continente
Eiland	Isla
Evenaar	Ecuador
Halfrond	Hemisferio
Hoogte	Altitud
Kaart	Mapa
Land	País
Meridiaan	Meridiano
Noorden	Norte
Oceaan	Océano
Regio	Región
Rivier	Río
Stad	Ciudad
Wereld	Mundo
Westen	Oeste
Zee	Mar
Zuiden	Sur

Geologie
Geología

Aardbeving	Terremoto
Calcium	Calcio
Continent	Continente
Erosie	Erosión
Fossiel	Fósil
Geiser	Géiser
Gesmolten	Fundido
Grot	Caverna
Koraal	Coral
Kristallen	Cristales
Kwarts	Cuarzo
Laag	Capa
Lava	Lava
Plateau	Meseta
Stalactiet	Estalactita
Steen	Piedra
Vulkaan	Volcán
Zone	Zona
Zout	Sal
Zuur	Ácido

Geometrie
Geometría

Berekening	Cálculo
Cirkel	Círculo
Curve	Curva
Diameter	Diámetro
Dimensie	Dimensión
Driehoek	Triángulo
Hoek	Ángulo
Hoogte	Altura
Horizontaal	Horizontal
Logica	Lógica
Loodrecht	Perpendicular
Massa	Masa
Mediaan	Mediana
Oppervlak	Superficie
Parallel	Paralelo
Segment	Segmento
Symmetrie	Simetría
Theorie	Teoría
Vergelijking	Ecuación
Verticaal	Vertical

Getallen
Números

Acht	Ocho
Achttien	Dieciocho
Dertien	Trece
Drie	Tres
Een	Uno
Negen	Nueve
Negentien	Diecinueve
Nul	Cero
Tien	Diez
Twaalf	Doce
Twee	Dos
Twintig	Veinte
Veertien	Catorce
Vier	Cuatro
Vijf	Cinco
Vijftien	Quince
Zes	Seis
Zestien	Dieciséis
Zeven	Siete
Zeventien	Diecisiete

Gezondheid en Welzijn #1
Salud y Bienestar #1

Actief	Activo
Apotheek	Farmacia
Bacteriën	Bacterias
Behandeling	Tratamiento
Breuk	Fractura
Dokter	Doctor
Gewoonte	Hábito
Honger	Hambre
Hoogte	Altura
Hormonen	Hormonas
Huid	Piel
Kliniek	Clínica
Letsel	Lesión
Medicijn	Medicina
Ontspanning	Relajación
Reflex	Reflejo
Spieren	Músculos
Therapie	Terapia
Virus	Virus
Zenuwen	Nervios

Gezondheid en Welzijn #2
Salud y Bienestar #2

Allergie	Alergia
Anatomie	Anatomía
Bloed	Sangre
Calorie	Caloría
Dieet	Dieta
Energie	Energía
Genetica	Genética
Gewicht	Peso
Gezond	Saludable
Herstel	Recuperación
Hygiëne	Higiene
Infectie	Infección
Lichaam	Cuerpo
Massage	Masaje
Spijsvertering	Digestión
Stress	Estrés
Vitamine	Vitamina
Voeding	Nutrición
Ziekenhuis	Hospital
Ziekte	Enfermedad

Groenten
Verduras

Artisjok	Alcachofa
Aubergine	Berenjena
Broccoli	Brócoli
Erwt	Guisante
Gember	Jengibre
Knoflook	Ajo
Komkommer	Pepino
Olijf	Oliva
Paddestoel	Seta
Peterselie	Perejil
Pompoen	Calabaza
Raap	Nabo
Radijs	Rábano
Salade	Ensalada
Selderij	Apio
Sjalot	Chalote
Spinazie	Espinacas
Tomaat	Tomate
Ui	Cebolla
Wortel	Zanahoria

Haartypes
Tipos de Cabello

Blond	Rubio
Bruin	Marrón
Dik	Grueso
Droog	Seco
Dun	Delgada
Gekleurd	Coloreado
Gevlochten	Trenzado
Gezond	Saludable
Golvend	Ondulado
Grijs	Gris
Hoofdhuid	Cabelludo
Kaal	Calvo
Kort	Corto
Krullen	Rizos
Krullend	Rizado
Lang	Largo
Wit	Blanco
Zacht	Suave
Zilver	Plata
Zwart	Negro

Herbalisme
Herboristería

Aromatisch	Aromático
Basilicum	Albahaca
Bloem	Flor
Culinair	Culinario
Dille	Eneldo
Dragon	Estragón
Groen	Verde
Ingrediënt	Ingrediente
Knoflook	Ajo
Kwaliteit	Calidad
Lavendel	Lavanda
Marjolein	Mejorana
Oregano	Orégano
Peterselie	Perejil
Rozemarijn	Romero
Saffraan	Azafrán
Smaak	Sabor
Tijm	Tomillo
Tuin	Jardín
Venkel	Hinojo

Het Bedrijf
La Empresa

Beslissing	Decisión
Creatief	Creativo
Eenheden	Unidades
Globaal	Global
Industrie	Industria
Inkomsten	Ingresos
Innovatief	Innovador
Investering	Inversión
Kwaliteit	Calidad
Loon	Salarios
Mogelijkheid	Posibilidad
Presentatie	Presentación
Product	Producto
Professioneel	Profesional
Reputatie	Reputación
Risico'S	Riesgos
Trends	Tendencias
Vooruitgang	Progreso
Werkgelegenheid	Empleo
Zaak	Negocio

Huis
Casa

Bezem	Escoba
Bibliotheek	Biblioteca
Dak	Techo
Deur	Puerta
Douche	Ducha
Garage	Garaje
Haard	Chimenea
Hek	Valla
Kamer	Habitación
Kelder	Sótano
Keuken	Cocina
Lamp	Lámpara
Meubilair	Mueble
Muur	Pared
Slaapkamer	Dormitorio
Spiegel	Espejo
Tapijt	Alfombra
Trap	Escaleras
Tuin	Jardín
Zolder	Ático

Huisdieren
Mascotas

Dierenarts	Veterinario
Geit	Cabra
Hagedis	Lagarto
Hamster	Hámster
Hond	Perro
Kat	Gato
Katje	Gatito
Klauwen	Garras
Koe	Vaca
Konijn	Conejo
Kraag	Collar
Muis	Ratón
Papegaai	Loro
Poten	Patas
Puppy	Cachorro
Schildpad	Tortuga
Staart	Cola
Vis	Pescado
Voedsel	Comida
Water	Agua

Installaties
Plantas

Bamboe	Bambú
Bes	Baya
Blad	Hoja
Bloem	Flor
Boom	Árbol
Boon	Frijol
Bos	Bosque
Cactus	Cactus
Flora	Flora
Gebladerte	Follaje
Gras	Hierba
Groeien	Crecer
Klimop	Hiedra
Mest	Fertilizante
Mos	Musgo
Plantkunde	Botánica
Struik	Arbusto
Tuin	Jardín
Vegetatie	Vegetación
Wortel	Raíz

Jazz
Jazz

Album	Álbum
Applaus	Aplauso
Artiest	Artista
Beroemd	Famoso
Componist	Compositor
Concert	Concierto
Favorieten	Favoritos
Genre	Género
Improvisatie	Improvisación
Lied	Canción
Muziek	Música
Nadruk	Énfasis
Nieuw	Nuevo
Orkest	Orquesta
Oud	Viejo
Ritme	Ritmo
Samenstelling	Composición
Stijl	Estilo
Talent	Talento
Techniek	Técnica

Keuken
Cocina

Cup	Tazas
Eetstokjes	Palillos
Grill	Parrilla
Ketel	Caldera
Koelkast	Refrigerador
Kom	Tazón
Kruik	Jarra
Lepels	Cucharas
Messen	Cuchillos
Oven	Horno
Pollepel	Cucharón
Pot	Tarro
Recept	Receta
Schort	Delantal
Servet	Servilleta
Specerijen	Especias
Spons	Esponja
Voedsel	Comida
Vorken	Tenedores
Vriezer	Congelador

Kleding
Ropa

Armband	Pulsera
Blouse	Blusa
Broek	Pantalones
Handschoenen	Guantes
Hoed	Sombrero
Jas	Abrigo
Jasje	Chaqueta
Jurk	Vestido
Ketting	Collar
Mode	Moda
Pyjama	Pijama
Riem	Cinturón
Rok	Falda
Sandalen	Sandalias
Schoen	Zapato
Schort	Delantal
Shirt	Camisa
Sjaal	Bufanda
Sokken	Calcetines
Trui	Suéter

Koffie
Café

Aroma	Aroma
Beker	Taza
Bitter	Amargo
Cafeïne	Cafeína
Drank	Bebida
Filter	Filtro
Geroosterd	Asado
Malen	Moler
Melk	Leche
Ochtend	Mañana
Oorsprong	Origen
Prijs	Precio
Room	Crema
Smaak	Sabor
Suiker	Azúcar
Variëteit	Variedad
Vloeistof	Líquido
Water	Agua
Zuur	Ácido
Zwart	Negro

Kracht en Zwaartekracht
Fuerza y Gravedad

Afstand	Distancia
As	Eje
Baan	Órbita
Beweging	Movimiento
Centrum	Centro
Druk	Presión
Dynamisch	Dinámico
Eigendommen	Propiedades
Gewicht	Peso
Impact	Impacto
Magnetisme	Magnetismo
Mechanica	Mecánica
Natuurkunde	Física
Omvang	Magnitud
Planeten	Planetas
Snelheid	Velocidad
Tijd	Tiempo
Uitbreiding	Expansión
Universeel	Universal
Wrijving	Fricción

Kunst
Arte

Beeldhouwwerk	Escultura
Complex	Complejo
Creëren	Crear
Eenvoudig	Sencillo
Eerlijk	Honesto
Figuur	Figura
Geïnspireerd	Inspirado
Humeur	Humor
Keramisch	Cerámica
Onderwerp	Tema
Origineel	Original
Persoonlijk	Personal
Poëzie	Poesía
Portretteren	Retratar
Samenstelling	Composición
Schilderijen	Pinturas
Surrealisme	Surrealismo
Symbool	Símbolo
Uitdrukking	Expresión
Visueel	Visual

Kunstbenodigdheden
Suministros de Arte

Acryl	Acrílico
Aquarellen	Acuarelas
Borstels	Cepillos
Camera	Cámara
Creativiteit	Creatividad
Ezel	Caballete
Gom	Borrador
Houtskool	Carbón
Inkt	Tinta
Klei	Arcilla
Kleuren	Colores
Lijm	Pegamento
Olie	Aceite
Papier	Papel
Pastel	Pasteles
Potloden	Lápices
Stoel	Silla
Tafel	Mesa
Verf	Pinturas
Water	Agua

Landen #1
Países #1

België	Bélgica
Brazilië	Brasil
Cambodja	Camboya
Canada	Canadá
Chili	Chile
Duitsland	Alemania
Egypte	Egipto
Irak	Irak
Israël	Israel
Italië	Italia
Letland	Letonia
Libië	Libia
Marokko	Marruecos
Nicaragua	Nicaragua
Noorwegen	Noruega
Panama	Panamá
Polen	Polonia
Roemenië	Rumania
Senegal	Senegal
Spanje	España

Landen #2
Países #2

Denemarken	Dinamarca
Ethiopië	Etiopía
Frankrijk	Francia
Griekenland	Grecia
Ierland	Irlanda
Indonesië	Indonesia
Japan	Japón
Kenia	Kenia
Laos	Laos
Libanon	Líbano
Liberia	Liberia
Maleisië	Malasia
Mexico	México
Nepal	Nepal
Nigeria	Nigeria
Oeganda	Uganda
Oekraïne	Ucrania
Rusland	Rusia
Somalië	Somalia
Syrië	Siria

Landschappen
Paisajes

Berg	Montaña
Eiland	Isla
Geiser	Géiser
Gletsjer	Glaciar
Grot	Cueva
Heuvel	Colina
IJsberg	Iceberg
Meer	Lago
Moeras	Pantano
Oase	Oasis
Oceaan	Océano
Rivier	Río
Schiereiland	Península
Strand	Playa
Toendra	Tundra
Vallei	Valle
Vulkaan	Volcán
Waterval	Cascada
Woestijn	Desierto
Zee	Mar

Literatuur
Literatura

Analogie	Analogía
Analyse	Análisis
Anekdote	Anécdota
Auteur	Autor
Biografie	Biografía
Conclusie	Conclusión
Dialoog	Diálogo
Fictie	Ficción
Gedicht	Poema
Mening	Opinión
Metafoor	Metáfora
Poëtisch	Poético
Rijm	Rima
Ritme	Ritmo
Roman	Novela
Stijl	Estilo
Thema	Tema
Tragedie	Tragedia
Vergelijking	Comparación
Verteller	Narrador

Meditatie
Meditación

Aandacht	Atención
Aanvaarding	Aceptación
Ademhaling	Respiración
Beweging	Movimiento
Dankbaarheid	Gratitud
Emoties	Emociones
Gedachten	Pensamientos
Geluk	Felicidad
Helderheid	Claridad
Houding	Postura
Mededogen	Compasión
Mentaal	Mental
Muziek	Música
Natuur	Naturaleza
Observatie	Observación
Perspectief	Perspectiva
Stilte	Silencio
Vrede	Paz
Vriendelijkheid	Bondad
Wakker	Despierto

Meer Informatie
Ciencia Ficción

Bioscoop	Cine
Boeken	Libros
Brand	Fuego
Denkbeeldig	Imaginario
Dystopie	Distopía
Explosie	Explosión
Extreem	Extremo
Fantastisch	Fantástico
Futuristisch	Futurista
Illusie	Ilusión
Mysterieus	Misterioso
Orakel	Oráculo
Planeet	Planeta
Realistisch	Realista
Robots	Robots
Scenario	Escenario
Sterrenstelsel	Galaxia
Technologie	Tecnología
Utopie	Utopía
Wereld	Mundo

Menselijk Lichaam
Cuerpo Humano

Been	Pierna
Bloed	Sangre
Elleboog	Codo
Enkel	Tobillo
Hand	Mano
Hart	Corazón
Hersenen	Cerebro
Hoofd	Cabeza
Huid	Piel
Kaak	Mandíbula
Kin	Barbilla
Knie	Rodilla
Maag	Estómago
Mond	Boca
Nek	Cuello
Neus	Nariz
Oor	Oreja
Schouder	Hombro
Tong	Lengua
Vinger	Dedo

Metingen
Mediciones

Breedte	Ancho
Byte	Byte
Centimeter	Centímetro
Decimaal	Decimal
Diepte	Profundidad
Gewicht	Peso
Gram	Gramo
Hoogte	Altura
Inch	Pulgada
Kilogram	Kilogramo
Kilometer	Kilómetro
Lengte	Longitud
Liter	Litro
Massa	Masa
Meter	Metro
Minuut	Minuto
Ons	Onza
Pint	Pinta
Ton	Tonelada
Volume	Volumen

Mode
Moda

Afmetingen	Mediciones
Bescheiden	Modesto
Betaalbaar	Asequible
Borduurwerk	Bordado
Duur	Caro
Eenvoudig	Sencillo
Elegant	Elegante
Kant	Encaje
Kleding	Ropa
Knop	Botones
Minimalistisch	Minimalista
Modern	Moderno
Origineel	Original
Patroon	Patrón
Praktisch	Práctico
Stijl	Estilo
Stof	Tejido
Textuur	Textura
Trend	Tendencia
Winkel	Boutique

Muziek
Música

Album	Álbum
Ballade	Balada
Harmonie	Armonía
Improviseren	Improvisar
Instrument	Instrumento
Klassiek	Clásico
Koor	Coro
Lyrisch	Lírico
Melodie	Melodía
Microfoon	Micrófono
Muzikaal	Musical
Muzikant	Músico
Opera	Ópera
Opname	Grabación
Poëtisch	Poético
Ritme	Ritmo
Ritmisch	Rítmico
Tempo	Tempo
Zanger	Cantante
Zingen	Cantar

Muziekinstrumenten
Instrumentos Musicales

Banjo	Banjo
Cello	Violonchelo
Fagot	Fagot
Fluit	Flauta
Gitaar	Guitarra
Gong	Gong
Harp	Arpa
Hobo	Oboe
Klarinet	Clarinete
Mandoline	Mandolina
Marimba	Marimba
Mondharmonica	Armónica
Percussie	Percusión
Piano	Piano
Saxofoon	Saxofón
Tamboerijn	Pandereta
Trombone	Trombón
Trommel	Tambor
Trompet	Trompeta
Viool	Violín

Mythologie
Mitología

Archetype	Arquetipo
Bliksem	Rayo
Creatie	Creación
Cultuur	Cultura
Donder	Trueno
Doolhof	Laberinto
Held	Héroe
Heldin	Heroína
Hemel	Cielo
Jaloezie	Celos
Kracht	Fuerza
Krijger	Guerrero
Legende	Leyenda
Magisch	Mágico
Monster	Monstruo
Onsterfelijkheid	Inmortalidad
Ramp	Desastre
Sterfelijk	Mortal
Wezen	Criatura
Wraak	Venganza

Natuur
Naturaleza

Arctisch	Ártico
Bijen	Abejas
Bos	Bosque
Dieren	Animales
Dynamisch	Dinámico
Erosie	Erosión
Gebladerte	Follaje
Gletsjer	Glaciar
Heiligdom	Santuario
Klippen	Acantilados
Mist	Niebla
Rivier	Río
Schoonheid	Belleza
Schuilplaats	Refugio
Sereen	Sereno
Tropisch	Tropical
Vitaal	Vital
Wild	Salvaje
Woestijn	Desierto
Wolken	Nubes

Natuurkunde
Física

Atoom	Átomo
Chaos	Caos
Chemisch	Químico
Deeltje	Partícula
Dichtheid	Densidad
Elektron	Electrón
Experiment	Experimento
Formule	Fórmula
Frequentie	Frecuencia
Gas	Gas
Magnetisme	Magnetismo
Massa	Masa
Mechanica	Mecánica
Molecuul	Molécula
Motor	Motor
Relativiteit	Relatividad
Snelheid	Velocidad
Universeel	Universal
Versnelling	Aceleración
Zwaartekracht	Gravedad

Oceaan
Océano

Aal	Anguila
Algen	Alga
Boot	Barco
Dolfijn	Delfín
Garnaal	Camarón
Getijden	Mareas
Haai	Tiburón
Koraal	Coral
Krab	Cangrejo
Kwal	Medusa
Octopus	Pulpo
Oester	Ostra
Rif	Arrecife
Schildpad	Tortuga
Spons	Esponja
Storm	Tormenta
Tonijn	Atún
Vis	Pescado
Walvis	Ballena
Zout	Sal

Overheid
Gobierno

Burgerschap	Ciudadanía
Civiel	Civil
Democratie	Democracia
Discussie	Discusión
Gelijkheid	Igualdad
Gerechtelijk	Judicial
Gerechtigheid	Justicia
Grondwet	Constitución
Leider	Líder
Monument	Monumento
Natie	Nación
Nationaal	Nacional
Politiek	Política
Rechten	Derechos
Staat	Estado
Symbool	Símbolo
Toespraak	Discurso
Vrijheid	Libertad
Wet	Ley
Wijk	Distrito

Psychologie
Psicología

Afspraak	Cita
Beoordeling	Evaluación
Bewusteloos	Inconsciente
Cognitie	Cognición
Conflict	Conflicto
Dromen	Sueños
Ego	Ego
Emoties	Emociones
Ervaringen	Experiencias
Gedachten	Pensamientos
Gevoel	Sensación
Herinneringen	Recuerdos
Invloed	Influencias
Jeugd	Infancia
Klinisch	Clínico
Perceptie	Percepción
Persoonlijkheid	Personalidad
Probleem	Problema
Realiteit	Realidad
Therapie	Terapia

Regenwoud
Selva Tropical

Amfibieën	Anfibios
Behoud	Preservación
Botanisch	Botánico
Diversiteit	Diversidad
Gemeenschap	Comunidad
Inheems	Indígena
Insecten	Insectos
Jungle	Selva
Klimaat	Clima
Mos	Musgo
Natuur	Naturaleza
Overleving	Supervivencia
Respect	Respeto
Restauratie	Restauración
Soort	Especie
Toevlucht	Refugio
Vogels	Pájaros
Waardevol	Valioso
Wolken	Nubes
Zoogdieren	Mamíferos

Restaurant #1
Restaurante #1

Allergie	Alergia
Bord	Plato
Brood	Pan
Eten	Comer
Ingrediënten	Ingredientes
Kassier	Cajero
Keuken	Cocina
Kip	Pollo
Koffie	Café
Kom	Tazón
Menu	Menú
Mes	Cuchillo
Pittig	Picante
Reservering	Reserva
Saus	Salsa
Serveerster	Camarera
Servet	Servilleta
Toetje	Postre
Vlees	Carne
Voedsel	Comida

Restaurant #2
Restaurante #2

Cake	Pastel
Diner	Cena
Drank	Bebida
Eieren	Huevos
Fruit	Fruta
Groente	Verduras
Heerlijk	Delicioso
Ijs	Hielo
Lepel	Cuchara
Lunch	Almuerzo
Noedels	Fideos
Ober	Camarero
Salade	Ensalada
Soep	Sopa
Specerijen	Especias
Stoel	Silla
Vis	Pescado
Vork	Tenedor
Water	Agua
Zout	Sal

Rijden
Conduciendo

Auto	Coche
Brandstof	Combustible
Garage	Garaje
Gas	Gas
Gevaar	Peligro
Kaart	Mapa
Licentie	Licencia
Motor	Motor
Motorfiets	Motocicleta
Ongeluk	Accidente
Politie	Policía
Remmen	Frenos
Snelheid	Velocidad
Straat	Calle
Tunnel	Túnel
Veiligheid	Seguridad
Verkeer	Tráfico
Voetganger	Peatonal
Vrachtauto	Camión
Weg	Carretera

Schoonheid
Belleza

Charme	Encanto
Cosmetica	Cosméticos
Diensten	Servicios
Elegant	Elegante
Elegantie	Elegancia
Fotogeniek	Fotogénico
Genade	Gracia
Geur	Fragancia
Glad	Suave
Huid	Piel
Kleur	Color
Krullen	Rizos
Lippenstift	Pintalabios
Mascara	Rímel
Producten	Productos
Schaar	Tijeras
Shampoo	Champú
Spiegel	Espejo
Stilist	Estilista
Verzinnen	Maquillaje

Specerijen
Especias

Anijs	Anís
Bitter	Amargo
Fenegriek	Fenogreco
Gember	Jengibre
Kaneel	Canela
Kardemom	Cardamomo
Kerrie	Curry
Knoflook	Ajo
Komijn	Comino
Koriander	Cilantro
Kruidnagel	Clavo
Nootmuskaat	Nuez Moscada
Paprika	Pimentón
Saffraan	Azafrán
Smaak	Sabor
Ui	Cebolla
Vanille	Vainilla
Venkel	Hinojo
Zoet	Dulce
Zout	Sal

Stad
Ciudad

Apotheek	Farmacia
Bakkerij	Panadería
Bank	Banco
Bibliotheek	Biblioteca
Bioscoop	Cine
Bloemist	Florista
Boekhandel	Librería
Dierentuin	Zoo
Galerij	Galería
Hotel	Hotel
Kliniek	Clínica
Luchthaven	Aeropuerto
Markt	Mercado
Museum	Museo
School	Escuela
Stadion	Estadio
Supermarkt	Supermercado
Theater	Teatro
Universiteit	Universidad
Winkel	Tienda

Tijd
Tiempo

Dag	Día
Decennium	Década
Eeuw	Siglo
Gisteren	Ayer
Jaar	Año
Jaarlijks	Anual
Kalender	Calendario
Klok	Reloj
Maand	Mes
Middag	Mediodía
Minuut	Minuto
Na	Después
Nacht	Noche
Nu	Ahora
Ochtend	Mañana
Toekomst	Futuro
Uur	Hora
Vandaag	Hoy
Vroeg	Temprano
Week	Semana

Tuin
Jardín

Bank	Banco
Bloem	Flor
Boom	Árbol
Boomgaard	Huerto
Garage	Garaje
Gazon	Césped
Gras	Hierba
Hangmat	Hamaca
Hark	Rastrillo
Hek	Valla
Onkruid	Malezas
Rotsen	Rocas
Schop	Pala
Slang	Manguera
Struik	Arbusto
Terras	Terraza
Trampoline	Trampolín
Tuin	Jardín
Vijver	Estanque
Wijnstok	Vid

Tuinieren
Jardinería

Blad	Hoja
Bloemen	Floral
Bloesem	Flor
Bodem	Suelo
Boeket	Ramo
Boomgaard	Huerto
Botanisch	Botánico
Compost	Compost
Container	Contenedor
Eetbaar	Comestible
Exotisch	Exótico
Gebladerte	Follaje
Klimaat	Clima
Seizoensgebonden	Estacional
Slang	Manguera
Soort	Especie
Vocht	Humedad
Vuil	Suciedad
Water	Agua
Zaden	Semillas

Universum
Universo

Asteroïde	Asteroide
Astronomie	Astronomía
Astronoom	Astrónomo
Atmosfeer	Atmósfera
Baan	Órbita
Breedtegraad	Latitud
Dierenriem	Zodíaco
Duisternis	Oscuridad
Evenaar	Ecuador
Halfrond	Hemisferio
Hemel	Cielo
Horizon	Horizonte
Kantelen	Inclinación
Kosmisch	Cósmico
Lengtegraad	Longitud
Maan	Luna
Sterrenstelsel	Galaxia
Telescoop	Telescopio
Zichtbaar	Visible
Zonnewende	Solsticio

Vakantie #2
Vacaciones #2

Bestemming	Destino
Buitenlander	Extranjero
Eiland	Isla
Hotel	Hotel
Kaart	Mapa
Kamperen	Camping
Luchthaven	Aeropuerto
Paspoort	Pasaporte
Reis	Viaje
Reserveringen	Reservas
Restaurant	Restaurante
Strand	Playa
Taxi	Taxi
Tent	Carpa
Trein	Tren
Vakantie	Vacaciones
Vervoer	Transporte
Visum	Visa
Vrije Tijd	Ocio
Zee	Mar

Vliegtuigen
Aviones

Afdaling	Descenso
Atmosfeer	Atmósfera
Avontuur	Aventura
Ballon	Globo
Bemanning	Tripulación
Bouw	Construcción
Brandstof	Combustible
Geschiedenis	Historia
Hemel	Cielo
Hoogte	Altura
Landen	Aterrizaje
Lucht	Aire
Motor	Motor
Navigeren	Navegar
Ontwerp	Diseño
Passagier	Pasajero
Piloot	Piloto
Richting	Dirección
Turbulentie	Turbulencia
Waterstof	Hidrógeno

Voeding — Nutrición

Bitter	Amargo
Calorieën	Calorías
Dieet	Dieta
Eetbaar	Comestible
Eetlust	Apetito
Eiwitten	Proteínas
Evenwichtig	Equilibrado
Fermentatie	Fermentación
Gewicht	Peso
Gezond	Saludable
Gezondheid	Salud
Koolhydraten	Carbohidratos
Kwaliteit	Calidad
Saus	Salsa
Smaak	Sabor
Spijsvertering	Digestión
Toxine	Toxina
Vitamine	Vitamina
Vloeistoffen	Líquidos
Voedingsstof	Nutriente

Voertuigen — Vehículos

Ambulance	Ambulancia
Auto	Coche
Banden	Neumáticos
Boot	Barco
Bus	Autobús
Caravan	Caravana
Fiets	Bicicleta
Helikopter	Helicóptero
Metro	Metro
Motor	Motor
Onderzeeër	Submarino
Raket	Cohete
Scooter	Scooter
Taxi	Taxi
Tractor	Tractor
Trein	Tren
Veerboot	Ferry
Vliegtuig	Avión
Vlot	Balsa
Vrachtauto	Camión

Vogels — Pájaros

Duif	Paloma
Eend	Pato
Ei	Huevo
Flamingo	Flamenco
Gans	Ganso
Kip	Pollo
Koekoek	Cuco
Kraai	Cuervo
Meeuw	Gaviota
Mus	Gorrión
Ooievaar	Cigüeña
Papegaai	Loro
Pauw	Pavo Real
Pelikaan	Pelícano
Pinguïn	Pingüino
Reiger	Garza
Struisvogel	Avestruz
Toekan	Tucán
Uil	Búho
Zwaan	Cisne

Vormen — Formas

Bol	Esfera
Boog	Arco
Cilinder	Cilindro
Cirkel	Círculo
Curve	Curva
Driehoek	Triángulo
Hoek	Esquina
Hyperbool	Hipérbola
Kant	Lado
Kegel	Cono
Kubus	Cubo
Lijn	Línea
Ovaal	Oval
Piramide	Pirámide
Prisma	Prisma
Randen	Bordes
Rechthoek	Rectángulo
Ronde	Ronda
Veelhoek	Polígono
Vierkant	Cuadrado

Wandelen — Senderismo

Berg	Montaña
Dieren	Animales
Gidsen	Guías
Kaart	Mapa
Kamperen	Camping
Klif	Acantilado
Klimaat	Clima
Laarzen	Botas
Moe	Cansado
Muggen	Mosquitos
Natuur	Naturaleza
Oriëntatie	Orientación
Parken	Parques
Stenen	Piedras
Top	Cumbre
Voorbereiding	Preparación
Water	Agua
Wild	Salvaje
Zon	Sol
Zwaar	Pesado

Wetenschap — Ciencia

Atoom	Átomo
Chemisch	Químico
Deeltjes	Partículas
Evolutie	Evolución
Experiment	Experimento
Feit	Hecho
Fossiel	Fósil
Gegevens	Datos
Hypothese	Hipótesis
Klimaat	Clima
Laboratorium	Laboratorio
Methode	Método
Mineralen	Minerales
Moleculen	Moléculas
Natuur	Naturaleza
Natuurkunde	Física
Observatie	Observación
Organisme	Organismo
Wetenschapper	Científico
Zwaartekracht	Gravedad

Wetenschappelijke Discip
Disciplinas Científicas

Anatomie	Anatomía
Archeologie	Arqueología
Astronomie	Astronomía
Biochemie	Bioquímica
Biologie	Biología
Chemie	Química
Ecologie	Ecología
Fysiologie	Fisiología
Geologie	Geología
Immunologie	Inmunología
Mechanica	Mecánica
Meteorologie	Meteorología
Mineralogie	Mineralogía
Neurologie	Neurología
Plantkunde	Botánica
Psychologie	Psicología
Robotica	Robótica
Sociologie	Sociología
Thermodynamica	Termodinámica
Voeding	Nutrición

Wiskunde
Matemáticas

Decimaal	Decimal
Diameter	Diámetro
Divisie	División
Driehoek	Triángulo
Exponent	Exponente
Fractie	Fracción
Geometrie	Geometría
Hoeken	Ángulos
Loodrecht	Perpendicular
Omtrek	Perímetro
Parallel	Paralelo
Parallellogram	Paralelogramo
Rechthoek	Rectángulo
Rekenkundig	Aritmética
Som	Suma
Symmetrie	Simetría
Veelhoek	Polígono
Vergelijking	Ecuación
Vierkant	Cuadrado
Volume	Volumen

Zakelijk
Negocio

Bedrijf	Empresa
Begroting	Presupuesto
Belastingen	Impuestos
Carrière	Carrera
Economie	Economía
Fabriek	Fábrica
Financiën	Finanzas
Geld	Dinero
Inkomen	Ingreso
Investering	Inversión
Kantoor	Oficina
Korting	Descuento
Kosten	Costo
Transactie	Transacción
Valuta	Moneda
Verkoop	Venta
Werkgever	Empleador
Werknemer	Empleado
Winkel	Tienda
Winst	Lucro

Zoogdieren
Mamíferos

Aap	Mono
Bever	Castor
Coyote	Coyote
Dolfijn	Delfín
Ezel	Burro
Geit	Cabra
Giraf	Jirafa
Gorilla	Gorila
Hond	Perro
Kameel	Camello
Kangoeroe	Canguro
Kat	Gato
Konijn	Conejo
Leeuw	León
Olifant	Elefante
Paard	Caballo
Stier	Toro
Vos	Zorro
Walvis	Ballena
Wolf	Lobo

Gefeliciteerd

Je hebt het gehaald!

We hopen dat u net zoveel plezier beleeft aan dit boek als wij aan het maken ervan. We doen ons best om spellen van hoge kwaliteit te maken.
Deze puzzels zijn op een slimme manier ontworpen zodat je actief kunt leren terwijl je plezier hebt!

Vond je ze mooi?

Een Eenvoudig Verzoek

Onze boeken bestaan dankzij de recensies die zij publiceren. Kunt u ons helpen door nu een mening achter te laten ?

Hier is een korte link die u naar uw bestellingen beoordelingspagina.

BestBooksActivity.com/Recensie50

FINAAL UITDAGING!

Uitdaging nr. 1

Klaar voor uw bonusspel? We gebruiken ze de hele tijd, maar ze zijn niet zo gemakkelijk te vinden. Hier zijn **Synoniemen!**

Noteer 5 woorden die je ontdekt hebt in elk van de onderstaande puzzels (nr. 21, nr. 36, nr. 76) en probeer voor elk woord 2 synoniemen te vinden.

Notitie 5 Woorden uit **Puzzle 21**

Woorden	Synoniem 1	Synoniem 2

Notitie 5 Woorden uit **Puzzle 36**

Woorden	Synoniem 1	Synoniem 2

Notitie 5 Woorden uit **Puzzle 76**

Woorden	Synoniem 1	Synoniem 2

Uitdaging nr. 2

Nu je opgewarmd bent, noteer 5 woorden die je ontdekt hebt in elke hieronder genoteerde puzzel (nr. 9, nr. 17, nr. 25) en probeer voor elk woord 2 antoniemen te vinden. Hoeveel regels kan je doen in 20 minuten?

Notitie 5 Woorden uit **Puzzle 9**

Woorden	Antoniem 1	Antoniem 2

Notitie 5 Woorden uit **Puzzle 17**

Woorden	Antoniem 1	Antoniem 2

Notitie 5 Woorden uit **Puzzle 25**

Woorden	Antoniem 1	Antoniem 2

Uitdaging nr. 3

Prachtig, deze finaal uitdaging is makkelijk voor jou!

Klaar voor de laatste? Kies je 10 favoriete woorden die je in een van de puzzels hebt ontdekt en noteer ze hieronder.

1.	6.
2.	7.
3.	8.
4.	9.
5.	10.

De uitdaging is nu om met deze woorden en binnen een maximum van zes zinnen een tekst te schrijven over een persoon, dier of plaats waar je van houdt!

Tip: U kunt de laatste blanco pagina van dit boek als kladblaadje gebruiken!

Je schrijven:

NOTITIEBOEKJE:

TOT SNEL!

Linguas Classics

www.ingramcontent.com/pod-product-compliance
Lightning Source LLC
LaVergne TN
LVHW060324080526
838202LV00053B/4410